LARISSA HÄSLER

BURGER GLÜCK

KREATIVE VEGANE IDEEN FÜR DEN PERFEKTEN GENUSS

LARISSA HÄSLER

BURGER GLÜCK

KREATIVE VEGANE IDEEN FÜR DEN PERFEKTEN GENUSS

Unimedica

INHALT

REZEPTE   23

BURGERBUNS & BRÖTCHEN 25

SEITE 35

SEITE 28

SEITE 39

SEITE 44

SEITE 60

SEITE 72

SEITE 77

SEITE 102

SEITE 117

SEITE 125

SEITE 138

BEILAGEN *perfekte Begleitung gesucht* 147

SEITE 154

SEITE 162

Einleitung

Bei Street Food Festivals kommt zusammen, was zusammengehört: Viele Menschen, gute Musik, tolle Stimmung und – für viele wohl am wichtigsten – leckeres Essen. Vielseitige Spezialitäten aus verschiedenen Ländern der Erde werden angeboten und laden zum Schlemmen und Genießen ein. Was dabei nicht fehlen darf, das sind saftige, frisch gemachte Burger, und die werden ja auch an jedem zweiten Wagen angeboten. Klingt gut? Ich muss euch leider enttäuschen. Dem Vegetarier oder Veganer bleiben nämlich meist nur Süßkartoffelpommes, die zwar auch sehr lecker sein können, aber eben doch nur notgedrungen eine Alternative darstellen. Vegetarische oder gar vegane Burger? Fehlanzeige!

Für mich ist dieser Umstand nahezu unverständlich, denn schaut man sich in den sozialen Netzwerken um, leuchten einem die buntesten, appetitlichsten Burger entgegen, die man sich vorstellen kann – alle rein pflanzlich. Ich selbst habe mich auch längst mit dem Burgervirus infiziert und bereits die unterschiedlichsten Kreationen ausprobiert. Burger sind hip. Gute Burger sind selbst gemacht. Und die besten Burger sind eben einfach vegan.

Um zu zeigen, wie kreativ und lecker, ja, sogar gesund Burger sein können, habe ich in *Burgerglück* meine besten Rezepte für euch zusammengestellt und viele weitere Ideen entwickelt und umgesetzt. Ziel und Anreiz war für mich, ein und dasselbe Gericht auf möglichst vielfältige Weise zu interpretieren. Mal typisch deutsch, mal orientalisch, thailändisch oder italienisch angehaucht. Herausgekommen sind Kreationen, wie sie unterschiedlicher kaum sein könnten, und doch haben sie im Kern alle etwas gemeinsam: Sie sind vegan, aus frischen Zutaten zubereitet, komplett selbst gemacht und wahnsinnig lecker. Lasst sie euch schmecken!

Larissa

FAST *Food?* *Slow* FOOD? SOUL *Food!*

Burger zählen neben Pizza und Döner eindeutig zur Kategorie *Fast Food*. Schnell, deftig, oft schmackhaft und praktisch an jeder Ecke auf die Hand verfügbar. In einer schnelllebigen Gesellschaft, in der die Mittagspause kurz und die Motivation, lange zu warten oder weit zu gehen, eher gering ist, wird Essen, das schnell zum Verzehr bereit ist, daher oft zur ersten Wahl. Doch wo an Zeit gespart wird, wird leider oft auch an hochwertigen Zutaten und Nährstoffen, nicht jedoch an Fett und Zusatzstoffen gespart. Ein labbriges Burgerbrötchen, ein verwelktes Salatblatt, eine halbreife Tomatenscheibe und ein trockenes Patty, ertränkt in massenweise Ketchup oder Mayonnaise – nun ja, das Motto ist wohl: Hauptsache satt.

DOCH ES GEHT AUCH ANDERS!

Es ist höchste Zeit, Burger von ihrem schlechten Ruf als Fast Food zu befreien und ihnen die Position einzuräumen, die sie verdient haben: Burger können durchaus eine leckere, sättigende und sogar vollwertige Mahlzeit sein, die abwechslungsreich gestaltet werden kann und selbst Kinder zu Gemüseessern macht.

NICHT KLASSISCH, ABER HOMEMADE

Aus zeitlicher Perspektive zählen selbst gemachte Burger sicher nicht wörtlich genommen zu Fast Food, also schnellem – schnell gemachtem – Essen. Ein guter Burger braucht in der Zubereitung nämlich einfach seine Zeit. Vor allem dann, wenn von den Brötchen über die Pattys bis hin zum Belag alles selbst zubereitet wird. Das Geschmackserlebnis beim ersten Reinbeißen wird für die Bemühungen aber allemal entschädigen. Außerdem bleibt beim Selbstbelegen die Wahl, was auf deinen Burger kommt, ganz bei dir. Somit sind deiner Kreativität keinerlei Grenzen gesetzt und es liegt in deiner Hand, dir ein Geschmackserlebnis der Extraklasse zu verschaffen. Für ausreichend Anregungen und Ideen habe ich mit meinen Rezepten im Hauptteil des Buches gesorgt. Also lass dich einfach inspirieren und dann nichts wie los!

QUALITÄT? SAISONAL UND BIO!

Die Entscheidung über die Qualität der verarbeiteten Zutaten liegt ganz bei dir, wenn du dich fürs Selbstzubereiten entscheidest. Ich rate dazu, hochwertige Lebensmittel, am besten in Bio-Qualität, zu kaufen und zu verarbeiten. Gute Lebensmittel sind ein wichtiger – wenn auch nicht alleiniger – Schlüssel zu einem tollen Geschmackserlebnis, das durch das ein oder andere »Mmmmmh« zum Ausdruck gebracht wird. Doch nicht nur geschmacklich punkten hochwertige Bio-Zutaten, sondern du trägst durch ihren Kauf gleichzeitig zu einem nachhaltigeren Bewirtschaften der Natur bei und kannst mit gutem Gewissen schlemmen. Noch besser ist es, wenn du zusätzlich darauf achtest, möglichst regional einzukaufen und deinen Burgerbelag je nach saisonaler Verfügbarkeit von Gemüse, Salat und Obst anpasst. Somit tust du nicht nur dir, sondern auch der Umwelt etwas Gutes. Aber lass dich nicht beirren. Ich zeige nur auf, was zu bevorzugen ist; für das Gelingen der Rezepte ist »bio und regional« keine Voraussetzung. Es gilt das Motto »Alles kann, nichts muss.« Bei manchen Rezepten braucht es außerdem doch exotischere Zutaten, um den entsprechenden Pep und den authentischen Geschmack der Küchen ferner Länder hineinzubringen. Der wichtigste Pluspunkt ist ohnehin die ausschließliche Verwendung pflanzlicher Lebensmittel und am allerwichtigsten ist am Ende immer noch der Genuss und die Freude am Essen, denn manchmal darf und muss es einfach Soul Food sein.

BURGER UND VEGAN
— wie passt das zusammen?

Vorbei sind die Zeiten, in denen Burger immer Fleisch, Bacon und Käse enthalten müssen! Wetten, dass selbst leidenschaftliche Fleischesser unter den vielfältigen Rezeptideen, die *Burgerglück* bietet, vielleicht noch einen finden, der den klassischen Burger um Welten übertrifft?
Vegane Burger sind nicht gleichzusetzen mit teils faden Pattys aus Tofu – nein, die Möglichkeiten, sich den

Burgergenuss abwechslungsreich und schmackhaft zu gestalten, reichen von Gemüse und Nüssen als Basis über Hülsenfrüchte bis hin zu diversen Getreidesorten, und selbst da ist noch lange nicht Schluss. Tofu findet sich zwar in einigen Rezepten, spielt aber bei Weitem nicht die Hauptrolle. Entscheidend für guten Geschmack ist neben den Zutaten ohnehin die richtige Würze, weshalb häufig frische Kräuter und allerlei bunte Gewürze verarbeitet werden. Außerdem lässt sich nicht nur beim Patty, sondern auch beim restlichen Belag unglaublich variieren. Knackige Salate, würzige oder fruchtige Saucen, frisches Gemüse – drauf kommt, was schmeckt!

WELCHER WIRD DEIN NÄCHSTER SEIN?

Blattsalat und frische Tomaten dürfen bei den meisten Burgervariationen trotzdem nicht fehlen. Wie wäre es aber zur Abwechslung mit frischem Rucola, saftig-süßer Mango und knackigen Nüssen, umhüllt von einer würzigen Senfcreme? Oder Babyspinat, Rote-Bete-Sticks und einer pikanten Meerrettichcrème? Ganz zu schweigen von der Kombination von Feldsalat, gegrillter Paprika und Sprossen, gepaart mit einer rauchigen BBQ-Sauce …
Keine Sorge, ich kann verstehen, wenn du nun Heißhunger bekommst und dich bei der tollen, vielseitigen Auswahl kaum entscheiden kannst.

Mein Tipp: Probiere sie alle. Step-by-step. Du musst dich also eigentlich nur entscheiden, welcher Burger dein erster sein darf und welches der nächste sein wird.

VORBEREITUNG
ist die halbe Miete

Burger sind eine ideale Option, wenn es darum geht, einen tollen Abend mit Freunden zu verbringen und gemeinsam zu essen. Wieso? Zum einen natürlich, weil wohl jeder *homemade burgers* liebt. Wer bitteschön würde eine Einladung zum Burgeressen schon ausschlagen? Zum anderen, weil sich jeder seinen Burger selbst zusammenstellen kann und somit sichergestellt ist, dass alle Anwesenden satt, glücklich und zufrieden sind. Und je mehr dabei sind, desto mehr Abwechslung gibt es, wenn jeder einen anderen Belag mitbringt oder weil es sich erst für eine Gruppe richtig lohnt, viele verschiedene Beläge vorrätig zu halten. Damit der Abend für alle – Gastgeber inklusive – gelungen und entspannt verläuft, ist ein wenig Vorbereitung nötig.

* Dazu gehört es, rechtzeitig mit dem Backen der Brötchen oder der Buns zu beginnen. Wenn ein spontanes Treffen ansteht, kann man natürlich auch schnell auf fertige Burgerbrötchen zugreifen. Vielleicht hattet ihr ja auch beim letzten Mal vorsorglich so viel Teig übrig, dass einige Buns im Tiefkühlfach gelandet sind.

* Als Nächstes werden die Saucen zubereitet, für die ihr euch entschieden habt. Die meisten Saucen und auch die meisten Beilagen können einige Stunden zuvor zubereitet werden, manche sogar einige Tage vorher.

* Nun gilt es, sich für ein oder zwei Sorten Pattys zu entscheiden. Auch diese können bereits vorab zubereitet und bis zur Verwendung kühl gelagert aufbewahrt werden.

* Nicht zu vergessen ist natürlich auch die Auswahl der Getränke. Da passt eigentlich alles, alkoholfrei, selbst gemachte Limonade, Eistee und natürlich Wein und Bier.

* Und zum Schluss sind nur noch ausreichend Schüsseln bereitzuhalten, in die die von den Gästen mitgebrachten oder vom Gastgeber bereitgestellten Beläge gefüllt und auf dem Tisch verteilt werden können.

Sind all diese Punkte bedacht, dürfte einem gelungenen Burgerabend nichts mehr im Wege stehen.

Hilfreiches ZUBEHÖR

VIEL BRAUCHT ES NICHT

Burger lassen sich mit der Ausstattung einer ganz normalen Küche zubereiten, ohne Schnick-Schnack. Es gibt allerdings einige Küchenhelfer, welche die Zubereitung erleichtern können und die somit durchaus ihre Daseinsberechtigung haben. Außerdem trägt so manches Teil einfach dazu bei, dass die Burger stilecht serviert werden und der Genuss somit vollendet wird. Nicht vergessen: Das Auge isst immer mit!

HOCHLEISTUNGSMIXER ODER KÜCHENMASCHINE

Es muss nicht gleich ein Thermomix sein; eine gewöhnliche Küchenmaschine (engl. food processor) zum Zerkleinern, Rühren und Pürieren tut's auch. Zerkleinert und püriert werden muss vieles, Hülsenfrüchte, Getreide, Gemüse, und dafür empfiehlt sich ein Hochleistungsmixer (engl. high speed blender), zum Beispiel der Vitamix TNC 5200 (Testsieger). Für das Zerkleinern allein reicht, wie der Name schon sagt, ein Multizerkleinerer, und nur zum Pürieren kann es auch ein Pürierstab sein.

HANDARBEIT ODER BURGERPRESSE?

Natürlich kann man die Pattys von Hand formen, mit einer Burgerpresse werden sie aber gleichmäßiger in Dicke und Form. Unterschiedlich dicke Pattys haben unterschiedliche Garzeiten, und da mehrere Pattys auf einmal gebraten oder gegrillt werden, kann das Ergebnis nicht für alle Pattys gleichermaßen zufriedenstellend sein. Deswegen ist eine Burgerpresse zu empfehlen. Burgerpressen sind außerdem recht günstig und lohnen sich daher in der Anschaffung.

PFANNE? GRILL? GRILLPFANNE!

Pattys lassen sich mit der gewohnten Pfanne braten, ob Edelstahl, Gusseisen oder beschichtet. Das würzige Rauch-Aroma und die schönen Grillstreifen, die einem das Wasser im Mund zusammenlaufen lassen, bekommt man damit aber nicht. Da muss ein Grill her. Hierfür darf das Patty allerdings nicht zu weich sein, sondern muss sich wirklich gut formen lassen und gut zusammenhalten. Wenn gegrillt werden soll, kann dem Rezept ggf. einfach etwas mehr Panier-, Kichererbsen- oder Maismehl zugegeben werden. Bei schlechtem Wetter kann der Grill durch eine Grillpfanne für den Herd ersetzt werden. Die Grillstreifen gibt es da auch.

SONSTIGES EQUIPMENT

Wenn die Buns fertig, die Beläge geschnitten, die Saucen angerührt und die Pattys gebraten sind, geht es ab ans Anrichten. Nicht selten sind die Augen größer als der Mund und so wird aufgestapelt, was das Zeug hält. Damit die Burger nicht sofort wieder auseinanderfallen, sind Holzspieße sehr hilfreich, die mittig durch den kompletten Burger gesteckt werden und ihn auf dem Teller und auch beim Essen in Form halten. Optisch ansprechend ist das Servieren auf kleinen Holzbrettern oder Schieferplatten.

TIPPS UND TRICKS
— so klappt's garantiert

Die Pattys fallen auseinander? Die Masse ist zu matschig? Es kündigen sich Gäste an, die kein Gluten vertragen? Immer mit der Ruhe! Für (fast) jedes Problem gibt es eine passende Lösung. Die meisten lassen sich zudem rechtzeitig erkennen, sodass früh gegengesteuert und das große Malheur verhindert werden kann.

Problem: Die Pattys fallen auseinander.

LÖSUNG: Dies ist meist dann der Fall, wenn die Masse zu trocken ist. Abhilfe schaffen vorgegarte, pürierte Hülsenfrüchte oder teils auch geraspeltes Gemüse (Karotten, Zucchini), das mit der Masse vermengt wird. Je nach Pattybasis kann es auch helfen, löffelweise ein wenig Wasser zuzugeben, vor allem dann, wenn die Masse mit Mais- oder Kichererbsenmehl gebunden ist. Manchmal hilft es einfach, die Hände leicht anzufeuchten. Dadurch lassen sich viele Pattys zudem einfacher formen. **ZUSÄTZLICHER TIPP:** Es kann hilfreich sein, probeweise zuerst eine kleine Portion Pattymasse zu formen und anzubraten. Dann lässt sich recht schnell sehen, ob die Masse zusammenhält oder zu trocken ist. Dies gilt natürlich auch im nächsten Fall, also wenn die Masse zu matschig ist.

Problem: Die Pattys sind matschig und lassen sich schlecht formen.

LÖSUNG: Vor allem Pattys auf Basis von Gemüse oder Hülsenfrüchten können teils etwas weicher sein. Geschmacklich ist dies super, da sie so auch nach dem Garen nicht trocken, sondern schön saftig sind. In solchen Fällen bietet sich idealerweise der Backofen zur Zubereitung an, da sie dort nicht gewendet werden müssen und schön gleichmäßig garen. Wem die Verarbeitung aber doch zu klebrig ist, der kann durch

Beimischen von Panier-, Kichererbsen- oder Maismehl bzw. Speisestärke für mehr Bindung sorgen.

Problem: Es ist noch Pattymasse übrig.

LÖSUNG: Entweder die restliche Masse wird im Kühlschrank in einer Dose mit geschlossenem Deckel aufbewahrt (hält sich ca. 2 Tage) oder aus der Masse werden kleine Bällchen geformt, die angebraten und am nächsten Tag kalt gesnackt werden, in die Pausenbrotdose wandern oder im Salat ihren großen Auftritt haben.

Problem: Die Burger müssen glutenfrei sein.

LÖSUNG: Vielfältige Ideen, um diesem Umstand gerecht zu werden, werden im Kapitel »Kein Gluten? Kein Problem!« (S. 19) umfassend behandelt. Der Verzicht auf Gluten ist daher wirklich kein richtiges Problem.

KLEINES BURGER-1X1
— darauf kommt's an

Seien wir mal ehrlich: Was einen guten Burger ausmacht, ist ganz klar ein saftiges, gut schmeckendes Patty. Wenn das Herzstück des Burgers trocken und geschmacklos ist, können selbst die besten Saucen und Beilagen nicht mehr viel retten. Ein Grund also, weshalb wir uns zuerst damit beschäftigen, wie sich ein schmackhaftes Patty kreieren lässt.

KREATIVES PATTY

Viele Zutaten braucht man nicht für ein kreatives Patty. Notwendig sind in der Regel

* eine oder mehrere **Basiszutaten**. Dies können verschiedene Hülsenfrüchte, Getreide, Gemüse, Tofu, Nüsse und einiges mehr sein.
* ein **Bindemittel**, z. B. Paniermehl. Als glutenfreie Varianten bieten sich Speisestärke, besser aber Mais- oder Kichererbsenmehl oder gemahlene Haferflocken an.
* frische und getrocknete **Gewürze**. Salz und Pfeffer sind nahezu unabdingbar und auch Zwiebel und Knoblauch finden oft ihren Platz in der Zutatenliste. Ausgefallener und abwechslungsreicher wird der Geschmack, wenn u. a. Paprika, Kreuzkümmel, Curry, Chili und verschiedene frische Kräuter wie Petersilie, Bärlauch, Schnittlauch oder Basilikum zum Einsatz kommen.

Mehr braucht es nicht. Fast entscheidender als die Wahl der Zutaten ist vielmehr das richtige Verhältnis von nassen und trockenen Zutaten. Dies ist ausschlaggebend dafür, ob die Masse letztlich zusammenhält und sich gut verarbeiten lässt oder nicht. Die Zubereitungsweise – braten, grillen, backen oder frittieren – eröffnet zudem weitere Variationsmöglichkeiten. Schritt eins für den perfekten Burger wäre nach diesen Punkten also abgehakt.

BUNS & BURGERBRÖTCHEN – WEICHE KRUME, NOCH WEICHERER KERN

Im zweiten Schritt geht um die »Hülle« des Burgers, nämlich das Brötchen bzw. im Falle eines Burgers das sogenannte Bun. Eins kann ich gleich vorab versprechen: Es lohnt sich definitiv, sich in die Küche zu stellen, Mehl, Salz, Hefe und wenige Zutaten mehr zu einem glatten Teig zu verkneten und daraus frische Burgerbuns zu backen. Immerhin soll es nicht irgendwelche Burger geben, sondern die besten Burger überhaupt, und damit sich die kleinen Stapelwerke den Zusatz »de luxe« auch verdient haben, gehören neben saftigen Pattys und frischen Saucen eben auch die Burgerbrötchen dazu. Außerdem gibt es nichts, was mehr Vorfreude verspricht als der verführerische Duft nach frisch gebackenen Brötchen, der durch das ganze Haus zieht.

Das perfekte Burgerbun

Ein gutes Bun gibt wahrlich den Rahmen vor, doch was macht das perfekte Burgerbrötchen eigentlich aus? An dieser Frage scheiden sich die Geister und eine eindeutige Antwort gibt es nicht. Die einen möchten ein klassisches, softes, nur leicht gebräuntes Bun mit Sesam haben, andere bevorzugen als Grundlage eher ein kerniges, gern auch dunkleres Brötchen mit Biss. Genau weil wir Menschen so unterschiedlich sind und verschiedene Vorstellungen haben, war es an der Zeit, nicht nur ein Brötchenrezept zu entwickeln, sondern eine Auswahl an Möglichkeiten bereitzustellen, sodass für jedes Bedürfnis, für jeden Geschmack das Richtige dabei ist.

Step-by-step zum perfekten Burgerbrötchen

Die Wichtigkeit eines guten Brötchens als Grundlage für Burger dürfte zwischenzeitlich erkennbar geworden sein. Wie aber funktioniert die Umsetzung in der Praxis?

Egal, ob Backanfänger oder Profi – mit der Schritt-für-Schritt-Anleitung für perfekte Burgerbrötchen kann eigentlich nichts mehr schiefgehen:

SCHRITT 1 Die trockenen Zutaten abwiegen und vermengen. Pflanzendrink oder Wasser lauwarm erwärmen, die Hefe hineinbröckeln, Ahornsirup oder eine andere Zuckerquelle nach Wahl zugeben, rühren, bis sich die Hefe aufgelöst hat, etwa 5 Minuten ruhen lassen.

SCHRITT 2 Als Nächstes die Hefemilch bzw. das Hefewasser und die weiche Pflanzenmargarine zu den Trockenzutaten zugeben, mit einer Knetmaschine oder von Hand einige Minuten kneten, bis ein glatter, geschmeidiger Teig entsteht. Diesen mit einem sauberen Geschirrhandtuch abgedeckt an einem warmen Ort ohne Zug ca. 60 Minuten gehen lassen.

SCHRITT 3 Nach Ende der ersten Gehzeit den Teig aus der Schüssel nehmen, erneut durchkneten, in 8 (bzw. für Mini-Burger in 14) gleich große Portionen teilen und die Teiglinge mit bemehlten Händen rund formen und erneut ca. 45–60 Minuten gehen lassen.

SCHRITT 4 Gegen Ende der zweiten Gehzeit den Ofen auf 180–200 Grad Ober-/Unterhitze vorheizen. Die Teiglinge erneut grob formen, auf ein mit Backpapier ausgelegtes Blech setzen, leicht flach drücken, mit Wasser oder Pflanzendrink bestreichen und nach Belieben mit Körnern und Saaten (Sesam, Kürbiskerne, Sonnenblumenkerne, Leinsamen, Chiasamen …) oder Haferflocken bzw. getrockneten Kräutern bestreuen. Im Ofen ca. 15–20 Minuten goldgelb backen, dann auskühlen lassen und belegen oder für den nächsten Burgerschmaus einfrieren.

KLEINER TIPP: Die Körner und Saaten als Topping halten besser, wenn in den Pflanzendrink zum Bestreichen zusätzlich ½ TL Speisestärke gerührt wird.

WER DIE WAHL HAT …!

Wer keine Experimente wagen möchte, der findet natürlich auch ein Rezept für das klassische Burgerbrötchen; aber klingen nicht Vollkorn-Burgerbuns, Körnerbrötchen, Buns mit Kräutern und bunte Buns nach einer schönen Abwechslung? Wenn es schnell gehen muss, sind vielleicht die blitzschnellen Chia-Burgerbrötchen das Passende oder wer gar keine Lust zu backen hat, greift einfach auf gekaufte Burgerbuns oder andere Brötchen vom Bäcker zurück. Einfache Brotscheiben, in der Pfanne geröstet, sorgen ebenfalls für schnelle Variationsmöglichkeiten.

MEIN TIPP: Am besten bereitest du bei den Brötchenrezepten gleich die doppelte Menge zu. Die Brötchen sind zwar nicht sonderlich arbeitsintensiv, benötigen aber eine längere Ruhezeit von mindestens 2 Stunden, um richtig gut zu werden. Die Verdoppelung des Rezepts spart also viel Zeit. Die restlichen Brötchen können einfach eingefroren werden. Wenn es dann wieder heißt »Zeit für *Burgerglück*«, kannst du die Buns einfach auftauen, auftoasten oder kurz (!) aufbacken und mit Belag deiner Wahl zusammenbauen.

SAUCEN UND SONSTIGES BEIWERK

Bei den Brötchen und Pattys ist bei Weitem nicht Schluss, im Gegenteil. Jetzt fängt der Spaß erst so richtig an, denn gerade bei den Saucen und beim Belag kann man sich so richtig austoben. Lieber feurig scharf oder cremig mild? Würzig, rauchig oder eher süßlich? Damit für jeden Geschmack das Richtige dabei ist, gibt es im Buch über 20 verschiedene Saucen. Zwar ist in jedem Burgerrezept eine Sauce vermerkt, die gut zu den restlichen Zutaten passt und dem Burger den notwendigen Pep gibt. Solltest du vom letzten Kochen aber noch eine andere Sauce übrig oder aber einfach mehr Lust auf Guacamole oder Senfcreme statt etwa eine BBQ-Sauce haben, ist auch das kein Problem. Tausche die Saucen einfach aus und genieße!

Vom Burger nicht wegzudenken ist das obligatorische Salatblatt. Das ist wichtig für die Optik und liefert einige Vitamine, viel wichtiger ist aber seine Funktion: Es hilft, dass das Bun durch die Sauce oder das Patty nicht so schnell durchweicht und matschig wird. Immer nur grüner Kopfsalat ist aber langweilig. Deshalb variiere nach Herzenslust mit Rucola, Feldsalat oder Babyspinat. Wenn es etwas herber sein darf, passen auch Chicorée oder Radicchio ausgezeichnet.

Neben den Klassikern Tomate und Gurke findet Gemüse in Form von roher oder gegrillter Paprika, Zucchini, Pilzen, Zwiebeln und marinierten Karotten und vielem mehr Platz auf dem Burger. Gut schmecken aber auch süße Toppings wie Mango oder gegrillte Ananas.

Hinweise zu den REZEPTEN

ALLES KÄSE?

Wie aus den Rezepten vermutlich unschwer erkennbar, bin ich nicht wirklich ein Fan von veganen Käseersatzprodukten. Für Frischkäse habe ich eine schmackhafte Alternative auf Mandelbasis gefunden. Veganer Scheibenkäse und ich werden aber vermutlich keine Freunde mehr. Falls du ein totaler Käse-Junkie sein solltest und dir ohne Käse auf dem Burger schlichtweg etwas fehlt, spricht natürlich nichts dagegen, diesen ebenfalls mit aufzustapeln.

LIEBER PAPRIKA STATT TOMATE?

Zwar habe ich mir gut überlegt, welche Zutaten, welche Geschmacksrichtungen miteinander harmonieren, wie die Konsistenz sein soll, was von der Konsistenz her zusammenpasst, kurzum, was den perfekten Burger ausmacht – aber zum Kochen gehört auch Spaß am Ausprobieren und Experimentieren. Sieh in den Kühlschrank, in den Vorratsschrank und frage dich: Was könnte denn jetzt von meinen Vorräten dazu passen, was lass ich weg? (Berühmte Rezepte sind so entstanden.) Wenn es schiefgeht (das kann passieren, wenn die Grundstruktur des Rezepts nicht mehr eingehalten wird), versuchst du beim nächsten Mal etwas anderes.

KEIN GLUTEN? KEIN PROBLEM!

Wer aus gesundheitlichen Gründen auf Gluten verzichten muss oder das Klebereiweiß aus anderen Gründen aus seinem Speiseplan streicht, auch der muss nicht auf Burger verzichten. Die meisten der Pattys hier im Buch sind ohnehin bereits laut Rezeptur glutenfrei. Es muss lediglich bei den Sorten aufgepasst werden, die mit Paniermehl abgebunden oder gänzlich aus glutenhaltigem Getreide (wie Bulgur, Couscous) zubereitet werden. Glutenhaltiges Getreide zu ersetzen ist schwierig, denn es entsteht schlichtweg ein neues Rezept, wenn etwa Couscous durch Linsen ersetzt wird. Paniermehl lässt sich aber leicht ersetzen, indem die Masse mit Kichererbsen- oder Maismehl und etwas Wasser bzw. gemahlenen glutenfreien Haferflocken gebunden wird. Statt der Buns können glutenfreie Brötchen, Sushireis oder einfach Gemüsevarianten (Tomaten, Pilze, Paprika oder Zucchinischeiben) verwendet werden.

Weitere
KREATIVE
IDEEN

WAS WRAPS MIT BURGERN ZU TUN HABEN:

Ehrlich gesagt ist es nahezu unvorstellbar oder gar schlichtweg unmöglich, dass jemand genug von Burgern haben kann. Falls der äußerst unwahrscheinliche Fall doch eintreten sollte – vielleicht, weil du es bei der letzten Burgerparty einfach übertrieben hast oder schlicht keine Lust hast, die Zutaten aufeinanderzustapeln – hier ein ultimativer Tipp zur Abhilfe.

Wraps und Burger haben nämlich mehr gemeinsam, als sie vielleicht auf den ersten Blick vermuten lassen: Burger bestehen aus Teig, Wraps ebenso. Burger werden durch knackiges Gemüse und saftige Pattys bunt und gesund, Wraps ebenso. Burger erhalten durch raffinierte Saucen den letzten Schliff, Wraps ebenso! Du ahnst sicherlich schon, worauf ich hinaus will: Wenn du keine Lust auf Burger hast oder noch mehr Abwechslung wünschst, bereite dir einen bunten Tortilla-Wrap zu!

Die ganze Vielfalt der Burgerrezepte in *Burgerglück* lässt sich nämlich problemlos in Rezepte für Wraps umwandeln. Hierzu ist es ratsam, die Masse für die Pattys statt in vier lieber in mehrere kleine Portionen aufzuteilen und dann wie im jeweiligen Rezept beschrieben zu braten, zu backen oder zu frittieren. Anschließend können die Mini-Pattys mit frischem Salat, Gemüse und Saucen eingewickelt werden – trara, fertig ist ein mindestens genauso leckeres Gericht!

LOW(ER) CARB, DIÄT ODER EINFACH KEINEN SO GROßEN HUNGER?

Falls du mal nicht so großen Hunger hast oder kohlenhydrat-reduziert essen möchtest, auch dann musst du nicht auf Burger verzichten. Du kannst zum Beispiel die Burgerbrötchen durch angebratene Portobello-Pilze oder Riesenchampignons ersetzen. Alternativ können die fertigen Burgerpattys zwischen angebratene, halbierte große Tomaten

oder gegrillte Paprikahälften gebettet werden. Auch in Streifen geschnittene gegrillte Zucchini schmiegen sich gern um das sättigende
Patty. Dann solltest du dich dem Vergnügen allerdings eher mit Messer
und Gabel widmen als mit bloßen Händen zu essen.

Natürlich ist es auch möglich, die leckeren Pattys und Saucen »pur«
zuzubereiten und statt zwischen Brötchenhälften zu stapeln einfach in
große Salatblätter einzuwickeln. Oder du bereitest eine bunte Schüssel
Salat zu und genießt das Patty dazu als Beilage. Eins steht jedoch fest:
Genuss ist in allen Varianten garantiert!

Besonders geeignet sind diese leichten Bun-Alternativen übrigens
für Pattys, die selbst aus Getreide wie Bulgur, Couscous, Hirse oder
Grünkern bestehen und somit bereits recht sättigend sind.

REZEPTE

Burgerbuns & Brötchen

KLASSISCHE BURGERBUNS
mit Sesam

⏱ ca. 40 Minuten zzgl. Gehzeit ca. 120 Minuten 🔍 Zutaten für ca. 8 große bzw. 14 Mini-Brötchen.

ZUBEREITUNG

1 Pflanzendrink erwärmen, Hefe und Ahornsirup einrühren, bis sich die Hefe gelöst hat, ca. 5 Minuten stehen lassen. Pflanzenmargarine, Mehl, Backpulver, Salz und Hefemilch vermengen, zu einem glatten Teig kneten und mit einem Tuch bedeckt an einem warmen Ort ohne Zug ca. 60 Minuten gehen lassen.

2 Nach der ersten Gehzeit den Teig erneut durchkneten, in 8 bzw. 14 Portionen teilen, zu runden Brötchen formen und erneut ca. 45–60 Minuten gehen lassen.

3 Nach Ende der zweiten Gehzeit die Teiglinge erneut formen, auf ein mit Backpapier ausgelegtes Backblech setzen und etwas flach drücken. Speisestärke mit restlichem Pflanzendrink (2 EL) vermengen, Brötchen damit bestreichen und mit Sesam bestreuen. Im vorgeheizten Ofen bei 200 Grad Ober-/Unterhitze 15–18 Minuten backen, bis sie goldgelb sind.

4 Buns nach dem Backen aus dem Ofen holen und mit einem Handtuch abgedeckt auskühlen lassen. Dadurch bleiben die Buns weicher und fluffig.

ZUTATEN

300 ml + 2 EL Hafer-/ungesüßter Sojadrink
½ Würfel Hefe
2 EL Ahornsirup
70 g weiche Pflanzenmargarine
550 g Weizenmehl Type 550
2 TL Backpulver
2 TL Salz
½ TL Speisestärke
2 EL Sesam

Tipp Der Teig kann auch mit einem Loch in der Mitte zu Bagels geformt werden.

Körner- BUNS

BURGERBUNS & BRÖTCHEN

ZUTATEN

280 ml Wasser
25 g frische Hefe
2 TL Ahornsirup
275 g Dinkelmehl Type 630
225 g Dinkelvollkornmehl
50 g Sonnenblumenkerne
2 TL Backpulver
1 ½ TL Salz
2 EL Rapsöl
2 EL Pflanzendrink
1 TL Speisestärke
2 EL weißer Sesam, Leinsamen,
    Kürbiskerne

ZUBEREITUNG

❶ Wasser erwärmen, Hefe und Ahornsirup einrühren, bis sich die Hefe gelöst hat. Beide Dinkelmehle, Sonnenblumenkerne, Backpulver, Salz, Rapsöl und Hefewasser vermengen, zu einem glatten Teig kneten und mit einem Tuch bedeckt an einem warmen Ort ohne Zug ca. 60 Minuten gehen lassen.

❷ Nach der ersten Gehzeit den Teig erneut durchkneten, in 8 bzw. 14 Portionen teilen, zu runden Brötchen formen und erneut ca. 45–60 Minuten gehen lassen.

❸ Nach Ende der zweiten Gehzeit die Teiglinge erneut formen, auf ein mit Backpapier ausgelegtes Backblech setzen und etwas flach drücken.

❹ Pflanzendrink mit Speisestärke glatt rühren, die Teiglinge damit bestreichen und mit Sesam, Leinsamen und Kürbiskernen bestreuen. Brötchen im vorgeheizten Ofen bei 180 Grad Ober-/Unterhitze 20 Minuten backen, bis sie goldgelb sind.

❺ Buns nach dem Backen aus dem Ofen holen und mit einem Handtuch abgedeckt auskühlen lassen. Dadurch bleiben die Buns weicher und fluffig.

Vollkorn- BURGERBUNS

🕐 ca. 45 Minuten zzgl. Gehzeit ca. 105 Minuten 🔍 Zutaten für ca. 8 große bzw. 14 Mini-Brötchen

ZUBEREITUNG

1 Pflanzendrink erwärmen, Hefe und Ahornsirup einrühren, bis sich die Hefe gelöst hat, dann 5 Minuten ruhen lassen.

2 Beide Mehle, Flohsamenschalen, Salz, Rapsöl, Naturjoghurt und Hefemilch vermengen, zu einem glatten Teig kneten und mit einem Tuch bedeckt an einem warmen Ort ohne Zug ca. 60 Minuten gehen lassen.

3 Nach der ersten Gehzeit den Teig erneut durchkneten, in 8 bzw. 14 Portionen teilen und zu runden Brötchen formen, erneut ca. 45 Minuten gehen lassen, dann nochmals leicht zusammennehmen und auf ein mit Backpapier ausgelegtes Backblech setzen.

4 Mit dem restlichen Pflanzendrink (2 EL) bestreichen. Nach Belieben mit Kernen und Saaten bestreuen. Brötchen im vorgeheizten Ofen bei 180 Grad Ober-/Unterhitze 17–20 Minuten backen, bis sie goldgelb sind.

5 Buns nach dem Backen aus dem Ofen holen und mit einem Handtuch abgedeckt auskühlen lassen. Dadurch bleiben die Buns weicher und fluffig.

ZUTATEN

280 ml + 2 EL Pflanzendrink
½ Würfel frische Hefe
2 EL Ahornsirup
400 g Dinkelvollkornmehl
    + etwas zum Formen
150 g Dinkelmehl Type 630
1 EL gemahlene Flohsamenschalen
1 ½ TL Salz
2 EL Rapsöl
70 g veganer Naturjoghurt
Kerne und Saaten nach Belieben

BURGERBUNS & BRÖTCHEN

Schnelle
CHIA-BURGER-BRÖTCHEN

⏱ ca. 45 Minuten 🥄 Zutaten für ca. 8 große bzw. 14 Mini-Brötchen

BURGERBUNS & BRÖTCHEN

ZUTATEN

550 g Dinkelmehl Type 630
    + etwas zum Formen
4 EL Chiasamen
1 ½ TL Salz
1 ½ TL Backpulver
2 TL Haushaltsnatron
1 EL Apfelessig
50 ml sprudeliges Mineralwasser
40 g Rapsöl
240 ml + 2 EL Pflanzendrink

ZUBEREITUNG

❶ Dinkelmehl, 2 EL Chiasamen, Salz, Backpulver und Haushaltsnatron vermengen, Apfelessig, Sprudelwasser, Rapsöl und Pflanzendrink (240 ml) zugeben und zu einem glatten Teig kneten. Teig in 8 bzw. 14 Portionen teilen, mit bemehlten Händen zu runden Brötchen formen und auf ein mit Backpapier ausgelegtes Blech setzen, ca. 5 Minuten ruhen lassen.

❷ Mit dem restlichen Pflanzendrink (2 EL) bestreichen und mit 2 EL Chiasamen bestreuen. Brötchen im vorgeheizten Ofen bei 180 Grad Ober-/Unterhitze ca. 20 Minuten backen, bis sie goldgelb sind.

❸ Buns nach dem Backen aus dem Ofen holen und mit einem Handtuch abgedeckt auskühlen lassen. Dadurch bleiben die Buns weicher und fluffig.

Varianten

ROTE-BETE-BUNS Wasser durch Rote-Bete-Saft ersetzen.
GRÜNE SPINAT-BUNS Wasser mit 3 Handvoll Spinat pürieren.
GELBE BURGERBUNS Zusätzlich 2 EL Kurkuma in den Teig rühren.

Kreative
BURGERBUNS

ca. 35 Minuten zzgl. Gehzeit ca. 120 Minuten Grundrezept für ca. 8 große bzw. 14 Mini-Brötchen

ZUBEREITUNG

1. Dinkelmehl, Speisestärke, Salz und Backpulver in einer Schüssel vermengen. Wasser erwärmen, Hefe darin auflösen, den Agavendicksaft zugeben und ca. 5 Minuten stehen lassen.

2. Mehlgemisch mit Hefewasser und Pflanzenmargarine vermengen, zu einem glatten Teig verkneten und abgedeckt an einem warmen Ort ohne Zug ca. 60 Minuten gehen lassen.

3. Nach der ersten Gehzeit den Teig grob durchkneten, in 8 bzw. 14 gleich große Stücke teilen und zu runden Brötchen formen. Erneut ca. 45 Minuten gehen lassen.

4. Anschließend die Teiglinge erneut schön formen und auf ein mit Backpapier ausgelegtes Backblech setzen. Dann mit Haferdrink bepinseln, mit Sesam oder getrockneten mediterranen Kräutern bestreuen und im Ofen bei 200 Grad Ober-/Unterhitze ca. 15–20 Minuten backen.

5. Buns nach dem Backen aus dem Ofen holen und mit einem Handtuch abgedeckt auskühlen lassen. Dadurch bleiben die Buns weicher und fluffig.

ZUTATEN

520 g Dinkelmehl Type 630
   + etwas zum Formen
30 g Speisestärke
1 ½ TL Salz
2 TL Backpulver
300 ml Wasser
1 Würfel Hefe
2 TL Agavendicksaft
60 g weiche Pflanzenmargarine
2 EL Haferdrink
2 EL bunter Sesam oder
   mediterrane Kräuter

Saucen & Beläge

MEHR ALS NUR DAS I-TÜPFELCHEN

Rauchige
BBQ-SAUCE

🔄 ca. 20 Minuten 🔍 Zutaten für ca. 1 Flasche à 500 ml

ZUBEREITUNG

1 Knoblauch und Zwiebel abziehen, fein hacken, in Rapsöl glasig dünsten, dann den Apfelsaft angießen und bei großer Hitze etwas einkochen.

2 Passierte Tomaten, Ahornsirup, Liquid Smoke, Paprikapulver, Salz, Pfeffer, Chili, Balsamico und Saft der Zitrone zugeben, offen für einige Minuten bei geringer Hitzezufuhr unter Rühren köcheln, anschließend fein pürieren. Speisestärke in wenig Wasser anrühren, zur Sauce zugeben, erneut aufkochen. Mit Salz und Pfeffer abschmecken und in eine saubere, heiß ausgespülte Glasflasche füllen.

Hinweis: Eine gute Sauce braucht von allem etwas, um ihr vollmundiges Aroma zu entfalten: Süße, Säure, teils auch ein wenig Schärfe. Deswegen kommen immer gleich ein paar mehr Zutaten zusammen, die zur Zubereitung notwendig sind. Die Sauce hält sich im Kühlschrank mehrere Wochen, dürfte in der Grillsaison jedoch ohnehin schnell aufgebraucht sein.

ZUTATEN

3 Knoblauchzehen
1 rote Zwiebel
3 EL Rapsöl
100 ml Apfelsaft
300 ml passierte Tomaten
50 ml Ahornsirup
2 EL Liquid Smoke (alternativ etwas Rauchsalz)
1 TL Paprikapulver edelsüß
1 ½ TL Salz
1 Prise Pfeffer
1 Prise Chili
3 EL dunkler Balsamico
½ Zitrone
2 TL Speisestärke

SAUCEN & BELÄGE

Kürbis-Curry-
KETCHUP

🕐 ca. 30 Minuten 🔍 Zutaten für ca. 1 Flasche à 600 ml

SAUCEN & BELÄGE

ZUTATEN

2 Schalotten
220 g Hokkaido-Kürbis
(vorbereitet gewogen)
6 Datteln
3 EL Olivenöl
350 ml passierte Tomaten
1 TL Currypulver
1 EL weißer Balsamico
½ TL Salz
1 Prise Pfeffer

ZUBEREITUNG

❶ Schalotten abziehen, fein hacken. Kürbis waschen, entkernen, klein schneiden. Datteln grob hacken.

❷ Olivenöl in einem Topf erhitzen, Schalotten und Kürbis darin andünsten, dann Datteln, passierte Tomaten, 100 ml Wasser, Curry und Balsamico zugeben. Ohne Deckel bei mittlerer Hitzezufuhr unter Rühren ca. 15 Minuten köcheln lassen, bis der Kürbis gar ist. Anschließend mit 200–250 ml Wasser pürieren, mit Salz und Pfeffer würzen, erneut aufkochen und in eine heiß ausgespülte Glasflasche füllen.

Hinweis : Der Ketchup hält sich kühl gelagert mindestens 3 Wochen. Wer ihn noch länger aufbewahren oder gar verschenken will, kocht den Kürbisketchup auf, füllt ihn in heiß ausgespülte Glasflaschen und stellt diese verschlossen für ca. 10 Minuten auf den Kopf. Dadurch bildet sich ein Vakuum und der Ketchup ist auch ohne Kühlung mehrere Wochen haltbar. Nach dem Anbrechen muss aber auch dieser im Kühlschrank aufbewahrt werden.

Tipp Der Kürbis-Currryketchup schmeckt auch zu Falafel oder Ofengemüse ausgezeichnet.

Kürbis-Curry-
Ketchup

Chiliketchup

Feuriger CHILIKETCHUP

ca. 15 Minuten · Zutaten für ca. 1 Flasche à 400 ml

ZUBEREITUNG

❶ Schalotten abziehen, fein hacken. Chilischote waschen, entkernen, grob zerkleinern. Gewürzgurken grob zerkleinern. Schalotten und Chili in Rapsöl andünsten. Gewürzgurken zugeben, passierte Tomaten und Ahornsirup angießen, aufkochen und bei mittlerer Hitze ca. 10 Minuten köcheln lassen.

❷ Tomatenmark zugeben, mit Kreuzkümmel, Salz und Pfeffer würzen, die Sauce fein pürieren und in eine saubere, heiß ausgespülte Glasflasche füllen.

ZUTATEN

2 Schalotten
1 kleine Chilischote
30 g Gewürzgurken
2 EL Rapsöl
300 ml passierte Tomaten
30 ml Ahornsirup
2 EL Tomatenmark
½ TL Kreuzkümmel
1 ½ TL Salz
1 Prise Pfeffer

SAUCEN & BELÄGE

leichte
TOMATENSALSA

🕙 ca. 15 Minuten zzgl. 15 Minuten Durchziehzeit 🔍 Zutaten für ca. 4 Portionen

SAUCEN & BELÄGE

ZUTATEN

300 g Cocktail-/Cherrytomaten
5 Zweige Basilikum
1 Schalotte
2 EL Balsamicocreme
1 EL Olivenöl
1 Prise Salz
1 Prise Pfeffer

ZUBEREITUNG

❶ Tomaten waschen, fein würfeln. Basilikumblättchen abzupfen und fein hacken. Schalotte abziehen, in feine Würfel schneiden.

❷ Balsamicocreme, Olivenöl, Salz und Pfeffer verrühren, mit Tomatenwürfeln, Basilikum und Schalotten vermengen und ca. 15 Minuten durchziehen lassen.

CHEESE *Sauce*

🕐 ca. 20 Minuten 🔎 Zutaten für ca. 4 Portionen

ZUBEREITUNG

Geschälte Süßkartoffeln und Kartoffeln in Würfel schneiden. Zwiebel abziehen und grob zerkleinern. Süß-kartoffel-, Kartoffelwürfel und Zwiebel in Wasser mit Salz ca. 10 Minuten garen. Anschließend die Kartoffeln mit dem Kochwasser in einen Mixbehälter geben, Pflanzen-margarine, Essig, Cashewkerne und Hefeflocken zugeben und auf höchster Stufe zu einer feinen Creme pürieren, mit Salz abschmecken und etwas abkühlen lassen.

ZUTATEN

70 g Süßkartoffeln (geschält)
70 g Kartoffeln (geschält)
1 Zwiebel
180 ml Wasser
½ Prise Salz
35 g Pflanzenmargarine
1 TL Essig
30 g Cashewkerne
1 EL Hefeflocken

SAUCEN & BELÄGE

SENF *Sauce*

🕐 ca. 10 Minuten 🥄 Zutaten für ca. 4 Portionen

ZUTATEN

130 g Mango
4 EL mittelscharfer Senf
2 EL Ahornsirup
½ Bund Dill
1 Prise Salz
1 Prise Pfeffer

ZUBEREITUNG

Mango von Stein und Schale lösen, grob zerkleinern, mit Senf und Ahornsirup zu einer feinen Sauce pürieren. Dill fein hacken, unterrühren und die Senfsauce mit Salz und Pfeffer abschmecken.

Tipp Sollte etwas von der Senfsauce übrig bleiben, kann diese als Grundlage für eine Salatsauce verwendet werden. Sie passt vor allem zu Getreide-, Gurken- und Blattsalaten.

CURRY-SENF *creme*

🕐 ca. 10 Minuten 🥄 Zutaten für ca. 4 Portionen

ZUTATEN

2 TL Chiasamen
60 g veganer, ungesüßter
   Naturjoghurt
3 EL körniger Senf
1 TL weißer Balsamico
1 TL Currypulver
1 Prise Salz
1 Prise Cayennepfeffer

ZUBEREITUNG

Chiasamen im Mixer fein mahlen, mit Naturjoghurt, körnigem Senf, Balsamico und Currypulver glatt rühren und mit Salz und Cayennepfeffer abschmecken.

LIMETTEN *mayo*

⏱ ca. 10 Minuten 💬 Zutaten für ca. 4–6 Portionen

ZUBEREITUNG

Limettenschale abreiben. Sojamilch und 1 EL Limettensaft in ein hohes Mixgefäß geben, kurz stehen und ausflocken lassen, dann den Senf zugeben. Mit dem Pürierstab auf höchster Stufe pürieren. Behälter schräg halten und während des Mixens langsam das Öl hineinlaufen lassen. Mixen, bis die Mayo eine fluffige Konsistenz hat und sich die Bestandteile homogen verbunden haben. Anschließend mit Salz, Pfeffer und Limettenabrieb verfeinern. Bei Bedarf zusätzlich etwas Ahornsirup zugeben.

ZUTATEN

½ Limette
75 ml Sojadrink (zimmerwarm)
1 TL Senf
100 ml Raps- oder
    Sonnenblumenöl
½ TL Salz
1 Prise Pfeffer
½ TL Ahornsirup

Hinweis : Es ist wichtig, dass alle Zutaten etwa dieselbe Temperatur (Zimmertemperatur) haben, damit sich die Bestandteile optimal verbinden.

Variante auf Nussbasis

ZUBEREITUNG

Limettenschale abreiben. Nussmus, zimmerwarmes Wasser, Rapsöl, Senf, 3 TL Limettensaft, Salz und Pfeffer im Mixer oder mit einem Pürierstab auf höchster Stufe cremig rühren, dann den Limettenabrieb unterrühren, ca. 1 Stunde ruhen lassen und genießen.

ZUTATEN

½ Limette
100 g Mandel- oder Cashewmus
40 ml Wasser
3 EL Rapsöl
1 TL Senf
½ TL Salz
1 Prise Pfeffer

KRÄUTER *creme*

ⓢ ca. 10 Minuten 🥄 Zutaten für ca. 4–6 Portionen

SAUCEN & BELÄGE

ZUTATEN

15 g Sonnenblumenkerne oder
    blanchierte Mandeln
20 ml Wasser (Zimmertemperatur)
120 ml Raps- oder
    Sonnenblumenöl
1 Bund Schnittlauch
1 Bund Petersilie
1 TL Senf
1 EL Zitronensaft
1 Prise Salz
1 Prise Pfeffer
1 TL Agavendicksaft

ZUBEREITUNG

❶ Sonnenblumenkerne sehr fein mahlen und in einem hohen Gefäß mit Wasser mischen. Einen Pürierstab in die Flüssigkeit halten, auf höchste Geschwindigkeit stellen und den Becher schräg halten. Nach und nach das Öl seitlich am Mixbehälter hineinlaufen lassen. Sobald eine festere Creme entstanden ist, das Mixen stoppen.

❷ Die Kräuter waschen, fein hacken und mit Senf, Zitronensaft, Salz, Pfeffer und Agavendicksaft zur Creme geben und gut verrühren.

Tipp Bei Bedarf können zusätzlich klein gehackte Schalotten oder Frühlingszwiebeln und Gewürzgurken untergerührt werden.

Würziges
TZATZIKI

ca. 10 Minuten zzgl. Durchziehzeit mindestens 20 Minuten Zutaten für ca. 4–6 Portionen

ZUBEREITUNG

Gurke waschen, fein raspeln. Knoblauchzehen abziehen, fein hacken. Dill waschen, trockenschütteln und fein hacken. Mandel- oder Cashewfrischkäse mit Gurkenraspel, Knoblauch und Dill vermengen, mit Salz und Pfeffer würzen und mindestens 20 Minuten ziehen lassen.

Variante

Schon einmal Radieschen-Tzatziki probiert? Hierfür einfach die Gurke durch Radieschen ersetzen! Statt Dill passen auch Schnittlauch oder Basilikum als Kräuter.

Serviervorschlag

Tzatziki schmeckt auch beim Grillen zu Grillkartoffeln, zu Falafel oder Gemüsebratlingen vorzüglich.

ZUTATEN

70 g Salatgurke
2 Knoblauchzehen
1 Bund Dill
150 g Mandel- oder
  Cashewfrischkäse (alternativ
  ungesüßter Sojaquark)
1 Prise Salz
1 Prise Pfeffer

SAUCEN & BELÄGE

Schneller
KRÄUTERQUARK

🕙 ca. 10 Minuten   🔍 Zutaten für ca. 4-6 Portionen

SAUCEN & BELÄGE

ZUTATEN

1 Bund Schnittlauch oder Bärlauch
200 g Seidentofu
30 ml sprudeliges Mineralwasser
1 TL Zitronensaft
1 Prise Salz
1 Prise Pfeffer

ZUBEREITUNG

Schnittlauch in Röllchen schneiden oder den Bärlauch waschen und in feine Streifen schneiden. Seidentofu, Kräuter, Mineralwasser, Zitronensaft, Salz und Pfeffer in eine Schüssel geben, glatt rühren.

Serviervorschlag

Der Kräuterquark passt zudem ideal zu Pell- und Ofen-kartoffeln oder Rösti. Auch als Dip zu Ofengemüse oder Gemüse-Rohkost schmeckt er vorzüglich.

Tipp Besonders lecker schmeckt der Quark mit in feine Ringe geschnittenen Lauchzwiebeln oder frischer Kresse.

MEERRETTICH*crème*

ZUBEREITUNG

Crème fraîche in eine Schüssel geben. Frischen Meerrettich schälen, fein raspeln oder Meerrettich aus dem Glas
zur Crème zufügen. Dill waschen, abzupfen, fein hacken,
ebenfalls unterrühren. Mit Salz und Pfeffer würzen.

ZUTATEN

250 g vegane Crème fraîche
3 EL Tafelmeerrettich
    (oder 1 EL frisch gerieben)
einige Zweige Dill
1 Prise Salz
1 Prise Pfeffer

Fruchtige MANGO-
CREME

ZUBEREITUNG

Mango schälen, vom Stein schneiden, grob würfeln und
pürieren. Frühlingszwiebel waschen, in Ringe schneiden.
Chili waschen, entkernen und fein hacken. Mangopüree
mit Frühlingszwiebeln, Chili, Reisessig und Saft der
Limette vermengen, mit Salz und Pfeffer abschmecken.

ZUTATEN

1 kleine Mango
1 Frühlingszwiebel
½ kleine Chili
1 EL Reisessig
½ Limette
1 Prise Salz
1 Prise Cayennepfeffer

SAUCEN & BELÄGE

Pfirsich-Thymian-
CHUTNEY

SAUCEN & BELÄGE

ZUTATEN

3 Pfirsiche oder Nektarinen
5 Zweige Thymian
1 EL Ahornsirup
1 EL weißer Balsamico
½ TL Rosa Beeren
1 Prise Salz

ZUBEREITUNG

1 Pfirsiche waschen, halbieren und vom Kern lösen. In feine, gleichmäßige Würfel schneiden. Thymian abzupfen und Blättchen fein hacken. Pfirsiche und Thymian mit Ahornsirup und weißem Balsamico im Topf vermengen, aufkochen und bei geringer Hitzezufuhr wenige Minuten köcheln lassen, bis die Flüssigkeit eingedickt ist.

2 Rosa Beeren grob zerstoßen, zum Chutney zugeben, vermengen und mit Salz abschmecken.

Cremiger
ERDNUSSDIP

 ca. 15 Minuten 🔍 Zutaten für ca. 4 Portionen

ZUBEREITUNG

Chilischote entkernen und fein hacken. Knoblauch abziehen, fein hacken, mit Chili in Erdnussöl andünsten. Saft der Limette auspressen, mit Erdnussmus, Haferdrink und Sojasauce zu einer feinen Creme verrühren, mit Salz und Pfeffer abschmecken. Knoblauch und Chili unterrühren oder über die Creme streuen.

ZUTATEN

½ kleine Chilischote
1 Knoblauchzehe
1 EL Erdnuss- oder Kokosöl
1 Limette
100 g feines Erdnussmus
50 ml Haferdrink
1 EL Sojasauce
1 Prise Salz
1 Prise Pfeffer

SAUCEN & BELÄGE

CURRY *Sauce*

SAUCEN & BELÄGE

ZUTATEN

2 große Äpfel
100 ml Wasser
2 EL Cashewmus
4 TL Currypulver
2 EL Zitronensaft
1 Prise Salz
2 TL Ahornsirup

ZUBEREITUNG

Äpfel waschen, schälen, vom Kerngehäuse befreien und klein würfeln. Apfelwürfel mit Wasser ca. 5 Minuten dünsten, dann pürieren. Vom Herd nehmen, Cashewmus, Currypulver und Zitronensaft unterrühren, mit Salz und Ahornsirup abschmecken. Ggf. etwas Wasser zugeben, bis eine cremige Konsistenz erreicht ist.

HUMMUS-

Variationen

⏱ ca. 15 Minuten 🔍 Zutaten für ca. 4–6 Portionen

ZUBEREITUNG

Kichererbsen abgießen und abspülen. Knoblauchzehen abziehen und fein hacken. Kichererbsen mit Knoblauch, Sesammus, Saft der Zitrone und Olivenöl fein pürieren, mit Salz und Cayennepfeffer abschmecken und mit Paprikapulver bestäubt servieren.

Varianten

SPINAT-HUMMUS 2 Handvoll frischen, gewaschenen Babyspinat mitpürieren.
PAPRIKA-HUMMUS 1 EL gegrillte, eingelegte Paprika-Antipasti mitpürieren.
CURRY-HUMMUS 2 TL Currypulver und 1 TL Ahornsirup unterrühren.

ZUTATEN

1 Dose Kichererbsen
2 Knoblauchzehen
1 EL weißes Sesammus
1 Zitrone
6–8 EL Olivenöl
½ TL Salz
1 Prise Cayennepfeffer
1 Prise Paprikapulver edelsüß

SAUCEN & BELÄGE

Tipps
Hummus kann durch Sesamsaat noch zusätzlich verfeinert werden und passt vorzüglich zu Grillgemüse und frischem Fladenbrot.

GUACAMOLE *Vario*

🕐 ca. 10 Minuten   🍴 Zutaten für ca. 4–6 Portionen

SAUCEN & BELÄGE

ZUTATEN

- 2 reife Avocados
- 2 Knoblauchzehen
- ½ Limette
- 1 EL veganer Naturjoghurt
- 1 Prise Salz
- 1 Prise Pfeffer
- 1 TL Agavendicksaft
- 1 Prise Paprikapulver edelsüß

ZUBEREITUNG

Avocados halbieren, Kern entfernen und mit einem Löffel das Avocadofleisch aus der Schale heben. Knoblauch abziehen und fein hacken. Saft der Limette auspressen. Avocado, Knoblauch, Limettensaft, Naturjoghurt, Salz, Pfeffer und Agavendicksaft in einen Mixbehälter geben und fein pürieren. Mit Paprikapulver bestreut servieren.

Varianten

SESAM-MINZ-GUACAMOLE Zusätzlich zwei Zweige Minze fein hacken und mit 1 EL Sesam zum Grundrezept geben.

KORIANDER-TOMATE Zusätzlich einige Zweige Koriander und eine Tomate fein hacken und untermengen.

Tipps Mit etwas Kräuterpesto erhält die Avocadocreme zusätzlich ein feines Aroma. Wem die Knoblauchnote zu streng ist, der kann auf fein gehackte Frühlingszwiebeln, Schnittlauch oder Bärlauch zurückgreifen. Wer es lieber etwas stückiger mag, kann die Avocado mit einer Gabel zerdrücken und die restlichen Zutaten dann unterrühren.

Zwiebel-
SUGO

ca. 15 Minuten   Zutaten für ca. 4 Portionen

ZUBEREITUNG

1. Zwiebeln abziehen, in gleichmäßige Ringe schneiden oder hobeln. Rosmarinnadeln abziehen und fein hacken.

2. Zwiebeln und Rosmarin in Olivenöl glasig dünsten, mit Balsamico und Ahornsirup ablöschen, einkochen lassen, dann mit Salz und Pfeffer abschmecken.

ZUTATEN

2–3 Zwiebeln
1 Zweig Rosmarin
3 EL Olivenöl
4 EL dunkler Balsamico
1 TL Ahornsirup
1 Prise Salz
1 Prise Pfeffer

SAUCEN & BELÄGE

Reispapier-BACON

ca. 25 Minuten 🔍 Zutaten für ca. 4 Portionen

ZUTATEN

2 EL Liquid Smoke

2 EL Sojasauce

1 Prise Rauchsalz

½ TL Paprikapulver edelsüß

1 Prise Pfeffer

1 TL Ahornsirup

3 EL Rapsöl

4 Scheiben Reispapier

ZUBEREITUNG

1 Liquid Smoke mit Sojasauce, Rauchsalz, Paprikapulver, Pfeffer und Ahornsirup gut verrühren, dann das Öl zugeben und vermengen.

2 Ofen auf 200 Grad Ober-/Unterhitze vorheizen. Reispapier mit einer Küchenschere in ca. 3 cm breite Streifen schneiden. Streifen kurz in lauwarmes Wasser tauchen und immer zwei Streifen aufeinanderlegen, dann durch die Marinade ziehen. Die fertig marinierten Streifen auf ein mit Backpapier ausgelegtes Blech legen und ca. 8 Minuten backen, dann aus dem Ofen nehmen, abkühlen lassen und als Topping zu Burgern reichen.

Variante » geräucherte Pilze «

Statt Reispapier können 200 g in Scheiben geschnittene Champignons mit der Marinade vermengt und angebraten werden. Sie werden nicht so kross wie die Version aus Reispapier, das würzige Räucheraroma haben sie aber auch.

Burger
DIE INNEREN WERTE ZÄHLEN

Hanfi
HORST

ZUBEREITUNG

1 Knoblauch abziehen und grob zerkleinern. Kürbis würfeln, mit Knoblauch vermengen, mit Salz bestreuen und im Ofen bei 200 Grad Ober-/Unterhitze ca. 15 Minuten garen.

2 Schnittlauch waschen, in Ringe schneiden. Kürbis pürieren, mit Schnittlauch, 50 g Hanfsamen und Kichererbsenmehl vermengen, mit Pfeffer und Salz abschmecken. Aus der Masse vier Pattys formen und mit den restlichen Hanfsamen (2 EL) bestreuen. Im Ofen bei 200 Grad Ober-/Unterhitze ca. 20 Minuten backen.

3 In der Zwischenzeit Salat und Sprossen waschen. Champignons in Streifen schneiden, in Rapsöl scharf anbraten, mit Salz und Pfeffer würzen. Gurke waschen, in Scheiben schneiden.

4 Die fertigen Pattys mit BBQ-Sauce, Gurke, Salat, gebratenen Champignons und Sprossen anrichten und servieren.

ZUTATEN

2 Knoblauchzehen
550 g Hokkaido-Kürbis (vorbereitet)
1 Prise Salz
1 Bund Schnittlauch
50 g + 2 EL geschälte Hanfsamen
60 g Kichererbsenmehl
1 Prise Pfeffer
8 Blätter Lollo Rosso Salat
1 Handvoll Sprossen
150 g Champignons
2 EL Rapsöl
½ Salatgurke

AUßERDEM

4 Burgerbrötchen nach Wahl
6–8 EL Rauchige BBQ-Sauce
   (S. 39)

BURGER – DIE INNEREN WERTE ZÄHLEN

RÖSTImania

🔥 ca. 40 Minuten   🍳 Zutaten für ca. 4 Burger

ZUTATEN

650 g festkochende Kartoffeln
1 TL Salz
1 weiße Zwiebel
2 EL Speisestärke
1 Prise Pfeffer
1 rote Zwiebel
6 EL Rapsöl
300 g Sauerkraut
2 Fleischtomaten
8 Salatblätter

AUSSERDEM

4 Burgerbrötchen nach Wahl oder
    Fladenbrot
6–8 EL Schneller Kräuterquark
    (S. 56)

ZUBEREITUNG

1 Kartoffeln schälen, fein raspeln, mit Salz vermengen, ca. 10 Minuten stehen lassen, dann das ausgetretene Wasser abgießen und die Kartoffelraspel gut ausdrücken. Weiße Zwiebel abziehen, fein hacken. Kartoffelraspel mit Zwiebelwürfeln und Speisestärke vermengen, Pfeffer zugeben und aus der Masse vier gleich große Rösti formen.

2 Rote Zwiebel schälen, in Ringe schneiden und in 2 EL Rapsöl bei großer Hitze von beiden Seiten kräftig anbraten, bis die Zwiebeln gebräunt sind.

3 Sauerkraut abtropfen lassen. Tomaten waschen, in Scheiben schneiden. Salat putzen und waschen. Rösti in restlichem Rapsöl (4 EL) von beiden Seiten je ca. 4–5 Minuten anbraten, dann mit Salat, Tomaten, Sauerkraut, Zwiebelscheiben und Kräuterquark zu einem Burger zusammenbauen.

BURGER – DIE INNEREN WERTE ZÄHLEN

SWEETPOTATOE
Supercrunch

🕙 ca. 45 Minuten 🔍 Zutaten für ca. 4 Burger

ZUBEREITUNG

1 Brokkoli putzen, waschen und in Röschen teilen. Süßkartoffeln in ca. 1 cm große Stücke schneiden. Brokkoli und Süßkartoffeln auf einem mit Backpapier ausgelegten Blech verteilen, mit Salz bestreuen und im Ofen bei 200 Grad Ober-/Unterhitze ca. 15–20 Minuten backen.

2 Anschließend mit einem Pürierstab grob pürieren, dabei noch Stücke übrig lassen. 60 g Maismehl untermengen, mit Salz und Pfeffer abschmecken und zu vier Pattys formen.

3 Feldsalat putzen und waschen. Camembert in Scheiben schneiden. Restliches Maismehl (60 g) mit einer Prise Salz und Pfeffer sowie dem Wasser verquirlen. Cornflakes in einen Gefrierbeutel geben und zerdrücken. Die Pattys erst in der Mehlmasse wenden, dann in die Cornflakes drücken. Pattys in Rapsöl von beiden Seiten je ca. 3 Minuten anbraten, mit Feldsalat, Camembertscheiben und Preiselbeeren auf die Burgerbrötchen stapeln.

ZUTATEN

250 g Brokkoliröschen
550 g Süßkartoffeln (geschält)
1 TL Salz
120 g Maismehl
1 Prise Pfeffer
2 Handvoll Feldsalat
100 g veganer Camembert
100 ml Wasser
90 g Cornflakes
4 EL Rapsöl
6 EL eingekochte Preiselbeeren

AUßERDEM

4 Burgerbrötchen nach Wahl

BURGER – DIE INNEREN WERTE ZÄHLEN

Kaly
KALE

ca. 45 Minuten Zutaten für ca. 4 Burger

ZUTATEN

300 g Kartoffeln
250 g Grünkohl
1 Prise Salz
40 g Speisestärke
1 Prise Pfeffer
1 Prise Muskatnuss
2 EL Paniermehl
2 Handvoll Salat
1 rote Paprika
4 EL Rapsöl

AUßERDEM

4 Burgerbrötchen nach Wahl
6–8 EL Zwiebelsugo (S. 71)
4 EL Feuriger Chiliketchup (S. 43)
optional einige Streifen Reispapier-
    Bacon (S. 72)

ZUBEREITUNG

❶ Kartoffeln schälen, gleichmäßig würfeln. Grünkohl waschen, klein hacken. Kartoffeln und Grünkohl in Salzwasser ca. 15–20 Minuten garen, dann abgießen und fein zerdrücken, Speisestärke unterkneten und mit Salz, Pfeffer und Muskatnuss würzen. Aus der Masse vier Pattys formen und von beiden Seiten mit Paniermehl bestreuen.

❷ Salat putzen und waschen. Paprika waschen, entkernen und in feine Würfel schneiden.

❸ Pattys in Rapsöl von beiden Seiten je ca. 3 Minuten anbraten, mit Salat, Paprikawürfeln, Chiliketchup, Zwiebelsugo und evtl. Bacon im Brötchen anrichten und servieren.

Holzfäller- SCHNITTE

Tipp Mit Reispapier-Bacon (S. 72) schmeckt dieser Burger noch würziger.

⏱ ca. 45 Minuten 🔍 Zutaten für ca. 4 Burger

ZUBEREITUNG

1. Knoblauch abziehen, fein hacken, in 1 EL Rapsöl andünsten, dann Sojagranulat zugeben, kurz mitbraten und mit Gemüsebrühe ablöschen. Bei geschlossenem Deckel ca. 10 Minuten köcheln lassen, bis die Flüssigkeit komplett aufgesogen ist.

2. Chilischote fein hacken. Kidneybohnen abgießen, mit Liquid Smoke und Chili pürieren. Sojagranulat und Kichererbsenmehl unterrühren, mit Salz abschmecken, zu vier Pattys formen und mit Paniermehl bestreuen.

3. Paprika waschen und in Ringe schneiden. Gewürzgurken längs in dünne Streifen schneiden. Zwiebel abziehen, in Ringe schneiden. Salat waschen und trocken schütteln.

4. Pattys im restlichen Öl (4 EL) von beiden Seiten je ca. 4 Minuten anbraten, nach dem Wenden mit veganen Käsescheiben belegen. Mit Salat, Paprikaringen, Zwiebelringen, Curry-Senfcreme, Gewürzgurken und Röstzwiebeln in gerösteten, halbierten Brotscheiben oder Buns anrichten und servieren.

ZUTATEN

2 Knoblauchzehen
5 EL Rapsöl
80 g Sojagranulat
380 ml Gemüsebrühe
1 Chilischote
1 Dose Kidneybohnen
2 EL Liquid Smoke
45 g Kichererbsenmehl
1 Prise Salz
2 EL Paniermehl
1 gelbe Paprika
150 g Gewürzgurken
1 Zwiebel
8 Blätter Kopfsalat
4 Scheiben veganer Käse
4 EL Röstzwiebeln

AUßERDEM

4 große Scheiben Roggenbrot, Burger- oder Laugenbrötchen
6–8 EL Curry-Senfcreme (S. 48)

BURGER – DIE INNEREN WERTE ZÄHLEN

Strong POPEYE

ZUTATEN

2 Knoblauchzehen
120 g Hirse
250 ml Gemüsebrühe
1 Bund Schnittlauch
2 kleine Karotten
1 Paprika
5 EL Kokosöl
2 TL Backpulver
2 EL Schwarzkümmel
70 g Kichererbsenmehl
4–6 EL Wasser
2 EL Walnüsse
1 Avocado
1 Prise Salz
1 Prise Pfeffer
1 EL Zitronensaft
2 Handvoll Spinat

AUßERDEM

4 Fleischtomaten oder
  Burgerbrötchen nach Wahl
6–8 EL Senfsauce (S. 48)

ZUBEREITUNG

❶ Knoblauch abziehen, fein würfeln. Hirse mit Knoblauch in Gemüsebrühe ca. 10 Minuten bzw. nach Packungsanleitung köcheln.

❷ Schnittlauch in Röllchen schneiden. Karotten schälen, fein raspeln. Paprika waschen, entkernen und in Würfel oder Streifen schneiden, in 1 EL Kokosöl anbraten. Fertig gegarte Hirse kurz ausdampfen lassen, mit Backpulver, Karottenraspel, Schnittlauch und Schwarzkümmel vermengen. Dann Kichererbsenmehl und löffelweise Wasser zugeben, verkneten, bis eine klebrige Masse entsteht und daraus vier Pattys formen.

❸ Walnüsse grob hacken. Avocado von Stein und Schale lösen, mit einer Gabel zerdrücken und mit Salz, Pfeffer und Zitronensaft abschmecken. Spinat waschen und trocken schütteln.

❹ Fleischtomaten waschen, halbieren, in 1 EL Kokosöl mit Schnittfläche nach unten ca. 3 Minuten braten. Pattys in restlichem Kokosöl (3 EL) von beiden Seiten je ca. 3 Minuten anbraten, dann mit Avocadomus, Spinat, Paprikawürfeln, Walnüssen und Senfcreme in den Tomatenhälften servieren.

Muskel-PROTZ

⟳ ca. 40 Minuten 🔍 Zutaten für ca. 4 Burger

ZUBEREITUNG

1 Edamame in Salzwasser ca. 5 Minuten garen, restliches Wasser abgießen. Babyspinat waschen. Knoblauch abziehen und fein hacken. Edamame mit 200 g Babyspinat und Knoblauch pürieren, Speisestärke zufügen, mit Salz und Chili würzen und aus der Masse vier Pattys formen.

2 Brokkoliröschen in etwas Salzwasser 5–7 Minuten garen, dann abgießen. Paprika waschen und in gleichmäßige Streifen schneiden.

3 Burgerpattys in Olivenöl von beiden Seiten je ca. 3 Minuten anbraten, dann mit restlichem Babyspinat (2 Handvoll), Paprikastreifen, Brokkoliröschen, Kürbiskernen, Kresse und Kürbis-Curryketchup im Burgerbrötchen servieren.

ZUTATEN

400 g Edamame (tiefgekühlt)
½ TL Salz
200 g + 2 Handvoll Babyspinat
2 Knoblauchzehen
70 g Speisestärke
1 Prise Chili
200 g Brokkoliröschen
1 Paprika
4 EL Olivenöl
2 EL Kürbiskerne
1 Beet Kresse

AUßERDEM

4 Burgerbrötchen nach Wahl oder
    Brotscheiben
6–8 EL Kürbis-Curryketchup
    (S. 40)

KÖRNER *kaiser*

ca. 55 Minuten · Zutaten für ca. 4 Burger

ZUTATEN

160 g Grünkern
350 ml Gemüsebrühe
370 g Karotten
50 g Paniermehl
1 TL Currypulver
1 Prise Chilipulver
1 Prise Salz
1 Prise Pfeffer
8 große Salatblätter
1 kleine Fenchelknolle
1 große Birne
4 EL Rapsöl
4–6 EL Ajvar
2 Handvoll Gemüsechips

AUSSERDEM

4 Burgerbrötchen nach Wahl oder
   gegrillte Zucchinistreifen
8 EL Schneller Kräuterquark
   (S. 56)

ZUBEREITUNG

1 Grünkern in Gemüsebrühe zum Kochen bringen und 30–40 Minuten köcheln. In der Zwischenzeit die Karotten schälen, grob zerkleinern und ca. 20 Minuten vor Garzeitende zum Grünkern zugeben. Ausdampfen lassen, grob pürieren, dann mit Paniermehl vermengen und mit Curry und Chili würzen, mit Salz und Pfeffer abschmecken. Aus der Masse vier Pattys formen.

2 Salat abzupfen, waschen. Fenchel putzen, waschen und in feine Scheiben schneiden. Birne waschen und ebenfalls in Scheiben schneiden. Pattys und Fenchel in Rapsöl von beiden Seiten je ca. 3 Minuten anbraten.

3 Salat, Ajvar und Pattys mit gebratenem Fenchel, Birne, Kräuterquark und Gemüsechips in Burgerbuns oder gegrille Zucchinistreifen schichten und genießen.

SPARGEL*burger*

🕐 ca. 40 Minuten 🔍 Zutaten für ca. 4 Burger

ZUBEREITUNG

❶ Zucchini mit dem Sparschäler längs in feine Streifen schälen, mit 1 EL Olivenöl, Balsamico, Prise Salz und Pfeffer vermengen und ca. 20 Minuten marinieren. Tomaten waschen, halbieren.

❷ Spargel waschen, unteres Drittel schälen, die holzigen Enden abschneiden und die Stangen jeweils einmal quer halbieren. Spargel in 1 EL Olivenöl von allen Seiten bissfest anbraten, mit Salz, Pfeffer und Ahornsirup abschmecken, Tomaten zugeben und kurz ziehen lassen.

❸ Bohnen abgießen, Thymiannadeln abzupfen und beides pürieren, gemahlene Mandeln und Kichererbsenmehl zugeben, mit Salz und Pfeffer würzen. Aus der Masse vier Pattys formen. Salat waschen. Cashewmus mit Saft der Zitrone glatt rühren, ggf. noch etwas Wasser zufügen und mit Salz und Pfeffer abschmecken.

❹ Pattys in restlichem Olivenöl (4 EL) von beiden Seiten je ca. 3 Minuten anbraten, mit Salat, Zucchinistreifen, Spargel-Tomatengemüse und Cashewsauce in Burgerbrötchen anrichten und servieren.

ZUTATEN

1 kleine Zucchini
6 EL Olivenöl
1 EL weißer Balsamico
1 TL Salz
1 Prise Pfeffer
200 g Datteltomaten
300 g grüner Spargel
1 TL Ahornsirup
400 g gekochte weiße Bohnen
3 Zweige Thymian
100 g gemahlene Mandeln
80 g Kichererbsenmehl
8 Salatblätter
2 EL Cashewmus
1 Zitrone

AUßERDEM

4 Burgerbrötchen nach Wahl

BURGER – DIE INNEREN WERTE ZÄHLEN

Meeres-
BRISE

BURGER – DIE INNEREN WERTE ZÄHLEN

ZUTATEN

1 Knoblauchzehe

1 kleine Chili oder Chiliflocken

150 g rote Linsen

400 ml Wasser

2 Nori-Algenblätter

1 Karotte

80–100 g Maismehl

1 TL Salz

200 g Salatgurke

2 Tomaten

3 EL Rapsöl

8 Salatblätter

AUßERDEM

4 Burgerbrötchen nach Wahl

8–10 EL Kürbis-Curryketchup
    (S. 40)

ZUBEREITUNG

❶ Knoblauch abziehen, fein würfeln. Chilischote waschen, halbieren, entkernen und fein hacken. Knoblauch, Chili und rote Linsen mit dem Wasser aufkochen, ca. 10 Minuten garen, gelegentlich umrühren. Ggf. etwas Wasser nachgeben, bis die Linsen gar sind.

❷ In der Zwischenzeit Nori-Algenblätter mit einer Schere in feine Streifen schneiden. Karotte fein raspeln und mit Maismehl, Nori-Algen und Salz zu den gekochten Linsen geben. Sorgfältig vermengen, zu vier Pattys formen.

❸ Gurke und Tomaten waschen, in Scheiben schneiden. Pattys in Rapsöl von beiden Seiten je ca. 3 Minuten braten, mit Salat, Gurke, Tomaten und dem Kürbis-Curryketchup auf die untere Brötchenhälfte stapeln und genießen.

Mini-
PARTYBURGER

⏱ ca. 50 Minuten 🔍 Zutaten für ca. 14 Mini-Burger

ZUBEREITUNG

1 Schwarze Bohnen abtropfen lassen und gründlich spülen. Knoblauch abziehen und grob zerkleinern. Schwarze Bohnen mit Knoblauch, Pesto Rosso, geräuchertem Paprikapulver, Kreuzkümmel, Petersilie, Chili und Salz pürieren, dann mit Paniermehl vermengen und zu 14 Mini-Burgerpattys formen. Diese im Ofen auf einem mit Backpapier ausgelegten Blech ca. 20 Minuten bei 200 Grad Ober-/Unterhitze backen (alternativ in etwas Öl anbraten).

2 In der Zwischenzeit Salat putzen und waschen, Gewürzgurken und Tomaten in Scheiben schneiden.

3 Die fertigen Pattys mit Salat, Gewürzgurken, Tomaten, Kürbis-Curryketchup und Coleslaw zu Mini-Burgern zusammensetzen und servieren.

Hinweis: **Es lassen sich aus allen im Buch aufgeführten Burgerrezepten entsprechende Mini-Burger zubereiten. Hierfür wird die Pattymasse direkt in 14 Portionen geteilt und auch der restliche Belag entsprechend auf die Mini-Burger verteilt.**

ZUTATEN

2 Dosen schwarze Bohnen
2 Knoblauchzehen
3 EL Pesto Rosso ohne Parmesan
1 TL geräuchertes Paprikapulver
1 TL gemahlener Kreuzkümmel
½ Bund Petersilie
1 Prise gemahlener Chili
½ TL Salz
50 g Paniermehl
½ Kopfsalat
150 g Gewürzgurken
3–4 Strauchtomaten

AUßERDEM

14 Mini-Burgerbrötchen
500 g Coleslaw (S. 154)
150 ml Kürbis-Curryketchup
(S. 40)

HOCHSTAPLER
mit Ratatouille

⏱ ca. 45 Minuten zzgl. 4 Stunden Einweichzeit 🔍 Zutaten für ca. 4 Burger

BURGER – DIE INNEREN WERTE ZÄHLEN

ZUTATEN

200 g Mungobohnen
4 Knoblauchzehen
2 TL grünes Pesto ohne Parmesan
50 g Paniermehl
½ TL Salz
1 Prise Pfeffer
2 kleine Zucchini
3 Rispentomaten
1 gelbe Paprika
5 Zweige Rosmarin
6–8 EL Olivenöl
2 EL Balsamicocreme
4 Handvoll Feldsalat

AUSSERDEM

4 Burgerbrötchen nach Wahl
6–8 EL Cheese Sauce (S. 47)

ZUBEREITUNG

❶ Mungobohnen ca. 4 Stunden einweichen, dann in reichlich frischem Wasser ca. 30 Minuten garen und anschließend das restliche Wasser abgießen. Knoblauch abziehen und grob hacken, die Hälfte davon mit Mungobohnen und Pesto pürieren, dann Paniermehl untermengen, mit Salz und Pfeffer abschmecken und aus der Masse acht dünne Pattys formen.

❷ Zucchini und Tomaten waschen, in Würfel schneiden. Paprika waschen, halbieren, entkernen und ebenfalls würfeln. Rosmarin abzupfen und fein hacken. Zucchini mit Paprika, Rosmarin, restlichem Knoblauch, 2 EL Olivenöl, Prise Salz und Pfeffer vermengen und das Ratatouillegemüse im Ofen bei 200 Grad Ober-/Unterhitze ca. 20 Minuten garen. Nach Ende der Garzeit die Balsamicocreme mit dem Gemüse vermengen.

❸ Feldsalat putzen und waschen. Pattys in restlichem Olivenöl (4–6 EL) von beiden Seiten je 2–3 Minuten anbraten. Jeweils zwei Pattys pro Burger mit Feldsalat, Ratatouillegemüse und Cheese Sauce im Burgerbun anrichten und servieren.

Hinweis: Schmeckt besonders lecker, wenn zusätzlich einige geräucherte Pilze oder Reispapier-Bacon (S. 72) mit serviert werden.

Pink BEAUTY

ZUBEREITUNG

❶ Rote Bete schälen und grob zerkleinern. Schalotte abziehen, fein würfeln. Petersilie waschen, abzupfen, grob hacken. Kichererbsen abgießen, abspülen, mit Rote Bete, Saft der Zitrone, Sesammus, Kreuzkümmel, Salz und Pfeffer pürieren. Die Hälfte der Petersilie, Schalotten sowie Maismehl untermengen.

❷ Walnüsse grob hacken, mit restlicher Petersilie und 2 EL Olivenöl pürieren, mit Salz und Pfeffer abschmecken. Die Rote-Bete-Masse zu vier Kugeln formen, jeweils eine Mulde eindrücken, etwas Walnussfüllung hineingeben, verschließen und vorsichtig flach drücken. Auf ein mit Backpapier ausgelegtes Blech legen, mit restlichem Olivenöl (1 EL) bestreichen. Im Ofen bei 200 Grad Ober-/Unterhitze 30–35 Minuten backen.

❸ Die Süßkartoffel schälen, in ca. 0,5 cm dicke Scheiben schneiden. Nach 15–20 Minuten Backzeit der Pattys die Süßkartoffel mit auf das Blech legen, mit wenig Salz bestreuen und die restlichen 15 Minuten mit backen.

❹ Rucola und Gurke waschen, Gurke in Scheiben schneiden. Burgerbrötchen halbieren, mit Rucola, Gurke, Rote-Bete-Patty, Süßkartoffelscheiben und Minzguacamole belegt servieren.

ZUTATEN

220 g Rote Bete
1 Schalotte
1 Bund Petersilie
1 Dose Kichererbsen
½ Zitrone
2 EL Sesammus
1 TL Kreuzkümmel
1 TL Salz
1 Prise Pfeffer
4 EL Maismehl
70 g Walnüsse
3 EL Olivenöl
1 kleine Süßkartoffel
2 Handvoll Rucola
½ Salatgurke

AUßERDEM

4 Burgerbrötchen nach Wahl
6–8 EL Sesam-Minz-Guacamole (S. 68)

Hinweis: **Mit einer Burgerpresse für gefüllte Burger klappt das Ausformen der Pattys noch besser.**

BURGER – DIE INNEREN WERTE ZÄHLEN

Flottes MÖHRCHEN

ca. 35 Minuten • Zutaten für ca. 4 Burger

BURGER – DIE INNEREN WERTE ZÄHLEN

ZUTATEN

450 g Karotten
½ Bund Petersilie
1 Handvoll Walnüsse
½ rote Chilischote
100 g gemahlene Haselnüsse
70 g + 2 EL Paniermehl
½ TL Salz
2 Handvoll Babyspinat oder Rucola
2 Tomaten
150 g Salatgurke
1 Beet Gemüsekresse
4 EL Rapsöl

AUßERDEM

4 Burgerbrötchen nach Wahl
6–8 EL Fruchtige Mangocreme
(S. 59)

ZUBEREITUNG

1 Karotten schälen, grob zerkleinern und in etwas Salzwasser ca. 10–15 Minuten weich dünsten. Petersilie abzupfen und grob zerkleinern. Walnüsse hacken. Chili ebenfalls zerkleinern. Die Karotten abgießen, grob zerstampfen oder pürieren und mit gemahlenen Haselnüssen, Walnüssen, Petersilie, Salz, Chili und 70 g Paniermehl vermischen. Masse zu vier Pattys formen und mit restlichem Paniermehl (2 EL) bestreuen.

2 Babyspinat waschen, trocken schütteln. Tomaten und Gurke waschen, in Scheiben schneiden. Gemüsekresse vom Beet schneiden. Karotten-Nuss-Pattys in Rapsöl von beiden Seiten je ca. 3 Minuten anbraten, mit Spinat, Tomate, Gurke, Mangocreme und Kresse im Burgerbrötchen anrichten.

Lemongrass-
THAI-BURGER

🕐 ca. 35 Minuten   💬 Zutaten für ca. 4 Burger

ZUBEREITUNG

❶ Die äußere Schicht vom Zitronengras entfernen, Rest sehr fein hacken. Limettenblätter und Chilischote ebenfalls zerkleinern. Zitronengras mit Limettenblättern, Chili und Linsen im Wasser ohne Salz ca. 10 Minuten garen.

❷ Frühlingszwiebeln waschen, in Ringe schneiden. Mango halbieren, von Stein und Schale lösen und in Streifen schneiden. Salat waschen, trocken schütteln. Gurke waschen und in Scheiben schneiden.

❸ Frühlingszwiebeln, Currypulver, Kichererbsenmehl und Salz zu den fertig gegarten Linsen geben, gut vermengen. Aus der Masse vier Pattys formen und in Kokosöl von beiden Seiten ca. 4 Minuten knusprig braten.

❹ Salat und Pattys auf die unteren Brötchenhälften verteilen, mit Chiliketchup bestreichen, darauf die Mangoscheiben geben und servieren.

ZUTATEN

3 Stängel Zitronengras
3 Kaffirlimettenblätter
1 kleine Chilischote
150 g gelbe Linsen
400 ml Wasser
2 Frühlingszwiebeln
1 Mango
8 Blätter Lollo Rosso Salat
200 g Salatgurke
2 TL Currypulver
80–100 g Kichererbsenmehl
½ TL Salz
4 EL Kokosöl

AUßERDEM

4 Burgerbrötchen nach Wahl
8 EL Feuriger Chiliketchup
   (S. 43)

Tempeh-
TOWER

⏱ ca. 60 Minuten; Durchziehzeit mindestens 2 Stunden, besser über Nacht 💬 Zutaten für ca. 4 Burger

ZUTATEN

400 g Tempeh
1 Knoblauchzehe
2 Stängel Zitronengras
1 Limette
3 EL Sojasauce
4 EL Rapsöl
1 EL Senf
1 TL Currypulver
1 Prise Pfeffer
1 rote Paprika
6–8 EL Tomatenmark
40 g Maismehl
1 Bund Koriander
1 Avocado
8 Blätter Kopfsalat

AUßERDEM

4 Burgerbrötchen nach Wahl
6–8 EL Leichte Tomatensalsa
     (S. 44)

ZUBEREITUNG

❶ Tempeh in gleichmäßige Scheiben schneiden. Knoblauch und Zitronengras abziehen, klein hacken. Saft der Limette auspressen, mit Sojasauce, 3 EL Rapsöl, Senf, Currypulver und Pfeffer verrühren und mit dem Tempeh vermengen. Diesen mindestens 2 Stunden, besser über Nacht, marinieren und kühl stellen.

❷ Paprika waschen, halbieren, entkernen und auf ein mit Backpapier ausgelegtes Blech geben. Den Tempeh ebenfalls mit auf das Blech geben und im Ofen bei 200 Grad Ober-/Unterhitze ca. 20 Minuten rösten, dabei zwischendurch einmal wenden.

❸ Tempeh kurz auskühlen lassen, klein hacken, mit Tomatenmark und Maismehl vermengen und zu vier Pattys formen. Koriander abzupfen. Avocado von Kern und Schale lösen, in Scheiben schneiden.

❹ Tempeh-Pattys in Rapsöl von beiden Seiten je ca. 3 Minuten anbraten; mit Salat, gerösteter Paprika, Avocado, Koriander und Tomatensalsa auf die Brötchen verteilen und servieren.

SCHATZ
der Inka

🕒 ca. 50 Minuten 🔍 Zutaten für ca. 4 Burger

ZUBEREITUNG

❶ Ingwer schälen, fein hacken. Quinoa in ein Sieb geben, mit kaltem Wasser spülen, mit Linsen und Ingwer im Wasser ohne Salz ca. 15 Minuten köcheln, dann ausdampfen lassen.

❷ Paprika waschen, halbieren, entkernen und in kleine Würfel schneiden, in 1 EL Kokosöl kurz andünsten, mit Salz und Pfeffer würzen und zur Quinoa-Linsenmasse geben. Maismehl, Backpulver und löffelweise Wasser zugeben, bis die Masse gut formbar wird. Vier gleich große Pattys formen.

❸ Karotten waschen und längs zweimal halbieren, dann je nach Größe quer ein- bis zweimal durchschneiden. Karottensticks in 2 EL Kokosöl anbraten, dabei mehrfach wenden, mit Ahornsirup beträufeln, mit Salz und Pfeffer würzen und beiseitestellen. Salat waschen und in Streifen schneiden.

❹ Pattys im restlichen Kokosöl (3 EL) von beiden Seiten je ca. 3 Minuten anbraten, dann mit Salat, Limettenmayo, Karottensticks und Kresse auftürmen und genießen.

ZUTATEN

1 Stück Ingwer (1 cm)
100 g schwarze Quinoa
100 g rote oder gelbe Linsen
450 ml Wasser
1 rote Paprika
6 EL Kokosöl
½ TL Salz
1 Prise Pfeffer
60 g Maismehl
2 TL Backpulver
2 Karotten
1 EL Ahornsirup
2 Handvoll Radicchio
1 Beet Kresse

AUßERDEM

4 Burgerbrötchen nach Wahl
6–8 EL Limettenmayo (S. 51)

BURGER – DIE INNEREN WERTE ZÄHLEN

ORIENT
Dreaming

🕙 ca. 50 Minuten   🔍 Zutaten für ca. 4 Burger

ZUTATEN

50 g Basmatireis (oder ca. 100 g
    gekochter Reis vom Vortag)

1 Prise Salz

80 g getrocknete Aprikosen

130 g Tofu

1 Dose weiße Bohnen

2 EL schwarzer Sesam

1 Bund Petersilie

2 EL Senf

2 TL Currypulver

1 TL Paprikapulver scharf

8 Blätter Kopfsalat

2 Tomaten

3 EL Kokosöl

AUßERDEM

4 Burgerbrötchen nach Wahl

6–8 EL Fruchtige Mangocreme
    (S. 59)

ZUBEREITUNG

❶ Reis in der 1,5-fachen Menge Salzwasser ca. 10–15 Minuten kochen, bis der Reis gar und die Flüssigkeit aufgesogen ist.

❷ In der Zwischenzeit getrocknete Aprikosen klein hacken. Tofu etwas ausdrücken, dann mit den Fingern fein zerbröseln. Weiße Bohnen abgießen, spülen, pürieren. Tofu mit Reis, Aprikosen, weißen Bohnen und Sesam vermengen. Petersilie grob zerkleinern, mit Senf, Curry und Paprikapulver zur Reis-Tofumasse geben, gut vermengen und zu vier Pattys formen.

❸ Salat putzen und waschen. Tomaten waschen und in Scheiben schneiden. Pattys in Kokosöl von beiden Seiten ca. 3 Minuten anbraten, mit Salat, Tomaten und Mangocreme zu Burgern auftürmen.

Falafel-BURGER

ca. 35 Minuten ● Zutaten für ca. 4 Burger

ZUBEREITUNG

1. Kichererbsen abgießen, gut spülen. Knoblauch und Zwiebeln abziehen, fein würfeln. Petersilie waschen und abzupfen. Kichererbsen mit gehackten Mandeln, Knoblauch, Zwiebeln, Petersilie, Sesammus, Kreuzkümmel, Salz, Pfeffer oder Chili pürieren, 50 g Paniermehl untermengen und zu vier Pattys formen. Pattys von beiden Seiten mit restlichem Paniermehl bestreuen.

2. Erdnussöl in einer Pfanne erhitzen, die Pattys zugeben und von beiden Seiten je ca. 3–4 Minuten anbraten.

3. Gurke und Radieschen waschen, in feine Scheiben hobeln. Salat waschen. Burgerhälften mit Salat, Falafelpatty, Gemüse und Tzatziki belegen und genießen.

ZUTATEN

2 Dosen Kichererbsen
2 Knoblauchzehen
1 rote Zwiebel
1 Bund Petersilie
4 EL gehackte Mandeln
2 EL Sesammus
2 TL gemahlener Kreuzkümmel
1 TL Salz
1 Prise Pfeffer/Chili
50 g + 2 EL Paniermehl
8 EL Erdnussöl
150 g Salatgurke
½ Bund Radieschen
8 Blätter Lollo Rosso Salat

AUSSERDEM

4 Burgerbrötchen nach Wahl oder
    Fladenbrot
6–8 EL Würziges Tzatziki (S. 55)

BURGER – DIE INNEREN WERTE ZÄHLEN

Sesam-
STRASSE

🕐 ca. 35 Minuten 🔍 Zutaten für ca. 4 Burger

ZUTATEN

250 g Räuchertofu
220 g Hokkaido-Kürbis (vorbereitet)
2 Knoblauchzehen
1 Bund Petersilie
½ TL Salz
1 Prise Cayennepfeffer
50–70 g Kichererbsenmehl
6 EL Sesamkörner schwarz
    oder weiß (nach Belieben
    gemischt)
100 g Cocktailtomaten
2 Handvoll Rucola
3 EL Rapsöl

AUßERDEM

4 Burgerbrötchen oder
    8 Brotscheiben
6–8 EL Limettenmayo (S. 51)

ZUBEREITUNG

1 Räuchertofu mit den Händen zerbröckeln. Kürbis waschen, in Streifen hobeln. Knoblauch abziehen und fein hacken. Petersilie waschen, abzupfen und grob zerkleinern.

2 Tofu, Kürbis, Knoblauch und Petersilie in eine Schüssel geben, mit Salz, Cayennepfeffer würzen und grob vermengen. Kichererbsenmehl zugeben und alles gut verkneten. Die Masse in vier gleich große Portionen teilen, zu Pattys formen und von allen Seiten in Sesam wenden.

3 Tomaten waschen und halbieren. Rucola putzen und waschen. Pattys in Rapsöl von beiden Seiten je ca. 4 Minuten anbraten, mit Rucola, Tomaten und Limettenmayo auf Burgerbrötchen oder geröstete Brotscheiben stapeln und genießen.

SUNRISE
in Africa

🕐 ca. 45 Minuten   🔍 Zutaten für ca. 4 Burger

ZUBEREITUNG

1 Tofu abtropfen und mit einer Gabel gut zerdrücken. Zwiebel abziehen, fein hacken und in 3 EL Erdnussöl glasig dünsten, dann zerdrückten Tofu zugeben, kurz anbraten und beiseitestellen. Erdnüsse grob hacken. Koriander waschen, abzupfen und ebenfalls grob hacken.

2 Erdnüsse, Koriander, Chiliflocken, Kreuzkümmel, Salz, Erdnussmus und Maismehl zum Tofu geben, Wasser zugeben und gut vermengen. Bei Bedarf etwas mehr Maismehl oder Wasser zugeben, bis sich die Masse gut formen lässt, dann daraus vier Pattys formen.

3 Aprikosen waschen, Kerne entfernen, in Schnitze schneiden. Salat waschen und in Streifen schneiden. Gegrillte Paprika abtropfen lassen, in Streifen schneiden.

4 Pattys in restlichem Öl (3 EL) von beiden Seiten je ca. 4 Minuten anbraten, mit Salat, gegrillter Paprika, Aprikosen und Erdnussdip servieren.

ZUTATEN

300 g Tofu
1 Zwiebel
6 EL Erdnussöl
4 EL Erdnüsse
½ Bund Koriander
1 Prise Chiliflocken
1 TL gemahlener Kreuzkümmel
1 Prise Salz
2 EL Erdnussmus
60–80 g Maismehl
6–8 EL Wasser
4–6 Aprikosen
2 Handvoll Salat
100 g gegrillte Paprika in Öl

AUßERDEM

4 Burgerbrötchen nach Wahl
6–8 EL Cremiger Erdnussdip
(S. 63)

BURGER – DIE INNEREN WERTE ZÄHLEN

Wirbel-WIND

BURGER – DIE INNEREN WERTE ZÄHLEN

ZUTATEN

2 Schalotten
300 g Kartoffeln
300 g Pastinaken
5 EL Erdnussöl
400 ml Gemüsebrühe
1 Bund Schnittlauch
1 TL Currypulver
½ TL Salz
1 Prise Pfeffer
2 kleine Karotten
2 Handvoll Babyspinat
½ Bund Radieschen

AUßERDEM

4 Burgerbrötchen nach Wahl
6–8 EL Limettenmayo (S. 51)
Optional: Reispapier-Bacon
    (S. 72)

ZUBEREITUNG

❶ Schalotten abziehen. Kartoffeln und Pastinaken schälen, gleichmäßig zerkleinern. Schalotten in 2 EL Erdnussöl glasig dünsten, dann Kartoffeln und Pastinaken zugeben, mit Gemüsebrühe ablöschen und bei geschlossenem Deckel ca. 15 Minuten garen, bis die Stücke weich sind. Restliche Brühe abgießen, kurz ausdampfen lassen.

❷ Schnittlauch waschen, in Röllchen schneiden. Kartoffel-Pastinaken-Gemüse zerstampfen, Schnittlauch zugeben, mit Curry, Salz und Pfeffer würzen. Aus der Masse vier Pattys formen.

❸ Karotten schälen, mit einem Spiralschneider in Spiralen schneiden. Alternativ mit dem Gemüseschäler in Streifen schälen. Babyspinat putzen, waschen. Radieschen waschen, in Scheiben schneiden.

❹ Pattys im restlichen Erdnussöl (3 EL) von beiden Seiten je ca. 3 Minuten anbraten, mit Radieschen, Spinat, Karottenspiralen sowie Limettenmayo und optional Reispapier-Bacon im Brötchen anrichten.

TRIPLE B

ZUBEREITUNG

❶ Pinienkerne in einer Pfanne ohne Fett goldgelb rösten. Schwarze Bohnen abgießen, gut spülen. Knoblauch und Zwiebeln abziehen, fein hacken, mit Chiliflocken in 1 EL Rapsöl glasig dünsten. Bohnen mit den angedünsteten Zutaten pürieren, sodass noch einige Stücke vorhanden sind. Mandeln untermengen, mit Salz würzen. Aus der Masse vier Pattys formen.

❷ Avocados halbieren, vom Stein lösen, mit einem Löffel aus der Schale heben und mit 1 Prise Salz grob zerdrücken oder in Scheiben schneiden. Tomaten waschen, in Scheiben schneiden. Babyspinat waschen, trocken schütteln.

❸ Pattys in Rapsöl von beiden Seiten je ca. 4 Minuten anbraten, mit Tomatenscheiben, Avocadomus oder -scheiben, Babyspinat und Senfsauce anrichten, mit Pinienkernen bestreuen und genießen.

ZUTATEN

2 EL Pinienkerne
2 Dosen schwarze Bohnen
2 Knoblauchzehen
1 Zwiebel
½ TL Chiliflocken
4 EL Rapsöl
2 EL gemahlene Mandeln
½ TL Salz
2 kleine Avocados
2 Strauchtomaten
2 Handvoll Babyspinat

AUSERDEM

4 Burgerbrötchen nach Wahl
6–8 EL Senfsauce (S. 48)

BURGER – DIE INNEREN WERTE ZÄHLEN

Pulled ARTICHOKE

🕑 ca. 30 Minuten   🔍 Zutaten für ca. 4 Burger

ZUTATEN

2 Dosen Artischockenherzen

2 Knoblauchzehen

3 Zweige Thymian

3 EL Olivenöl

300 ml Rauchige BBQ-Sauce
   (S. 39)

1 Prise Salz

1 Prise Pfeffer

2 große Karotten

8 Salatblätter

AUßERDEM

4 Burgerbrötchen nach Wahl

4 EL Rauchige BBQ-Sauce
   (S. 39)

ZUBEREITUNG

1 Artischockenherzen abgießen, abspülen und gut ausdrücken. Knoblauch abziehen und fein hacken. Thymian abzupfen. Artischocken und Knoblauch in 2 EL Olivenöl ca. 5 Minuten anbraten, dann die BBQ-Sauce zugießen, Thymian zugeben, gut vermengen und bei kleiner Hitze ca. 10 Minuten köcheln lassen, dabei gelegentlich umrühren. Mit Salz und Pfeffer abschmecken.

2 In der Zwischenzeit die Karotten mit einem Sparschäler längs in Streifen schälen. Salat waschen und trocken schütteln.

3 Die Artischocken, falls sie nicht von selbst zerfallen sind, mit zwei Gabeln grob auseinanderziehen, mit Salat, Karotten und BBQ-Sauce auf die Burgerbrötchen schichten.

Tipp Für ein noch besseres Aroma die Artischockenherzen nach dem Köcheln in der BBQ-Sauce in eine Auflaufform geben und ca. 15 Minuten bei hoher Temperatur im Ofen backen.

PILZ triplett

🕐 ca. 50 Minuten 🔍 Zutaten für ca. 4 Burger

ZUBEREITUNG

1. Couscous mit 200 ml kochender Gemüsebrühe übergießen. Austernpilze putzen, klein hacken. Knoblauchzehen abziehen, fein hacken. Petersilie waschen, grob zerkleinern. Knoblauch, Pilze, Petersilie und Couscous mit Paniermehl vermengen, mit Senf, Salz, Pfeffer und Muskatnuss abschmecken und aus der Masse vier Pattys formen.

2. Kräuterseitlinge und Champions putzen. Pilze und Räuchertofu in Scheiben schneiden und in etwas Öl von beiden Seiten anbraten. Radicchio und Blattsalat putzen, waschen. Tomaten waschen und in Scheiben schneiden.

3. Couscous-Pilz-Pattys im restlichen Öl (3 EL) von beiden Seiten je ca. 3 Minuten anbraten, mit Blattsalat, Radicchio, Tomaten, Räuchertofu, gebratenen Pilze und Kräutercreme zu Burgern zusammenbauen.

ZUTATEN

70 g Couscous
200 ml Gemüsebrühe
200 g Austernpilze
2 Knoblauchzehen
1 Bund krause Petersilie
6 EL Paniermehl
1 EL Senf
½ TL Salz
1 Prise Pfeffer
1 Prise Muskatnuss
2 Handvoll Kräuterseitlinge und
    Champignons
150 g Räuchertofu
4 EL Rapsöl
1 Handvoll Radicchio
1 Handvoll Blattsalat, z. B. Lollo
    Rosso
2 Rispentomaten

AUSSERDEM

4 Burgerbrötchen nach Wahl oder
    Laugenbrötchen
6–8 EL Kräutercreme (S. 52)

BURGER – DIE INNEREN WERTE ZÄHLEN

LOW *for flow*

🕐 ca. 50 Minuten 💬 Zutaten für ca. 4 Burger

ZUTATEN

3 EL Mandelblättchen
1 kleiner Blumenkohl
(ca. 700 g Röschen)
½ TL Salz
5 EL Rapsöl
1 rote Chilischote
150 g Zuckerschoten
1 gelbe Paprika
150 g Salatgurke
2 Handvoll Babyspinat
1 EL Sesam oder Schwarzkümmel
60–80 g Kichererbsenmehl
1 Prise Pfeffer

AUßERDEM

8 Riesenchampignons
6–8 EL Paprika-Hummus (S. 67)

ZUBEREITUNG

❶ Mandelblättchen in einer Pfanne ohne Fett goldbraun anrösten.

❷ Blumenkohl putzen, in Röschen teilen, waschen, trocken schütteln und mit Salz und 2 EL Rapsöl vermengt auf einem Backblech im Ofen bei 200 Grad Ober-/Unterhitze ca. 20 Minuten backen.

❸ Chili waschen, halbieren, ggf. entkernen. Zuckerschoten waschen, von den Enden befreien. Paprika und Gurke waschen, in Ringe bzw. Scheiben schneiden. Babyspinat putzen, waschen, trocken schütteln.

❹ Blumenkohl mit Chili im Multizerkleinerer hacken, mit Sesam und Kichererbsenmehl vermengen, mit Salz und Pfeffer abschmecken. Aus der Masse vier Pattys formen, diese im Ofen weitere 15 Minuten backen.

❺ Riesenchampignons entstielen, in 2 EL Rapsöl von beiden Seiten je ca. 6 Minuten anbraten. Zuckerschoten in 2 EL Öl knackig anbraten, mit Blumenkohlpattys, Hummus, Mandelblättchen, Babyspinat, Paprika und Gurke in den Riesenchampignons servieren.

Grün-
SCHNABEL

ZUBEREITUNG

❶ Erbsen in leicht gesalzenem Wasser ca. 15 Minuten köcheln lassen, dann abgießen. Kürbiskerne fein zermahlen. Dill fein hacken. Frühlingszwiebeln waschen, in feine Ringe schneiden.

❷ Erbsen zerstampfen, mit gemahlenen Kürbiskernen, Dill, Frühlingszwiebeln, Meerrettich, gehackten Mandeln, Maismehl und Backpulver vermengen und zu vier Pattys formen.

❸ Rote Bete waschen, schälen und in feine Streifen hobeln. Salat oder Babyspinat waschen. Erbsenpattys in Rapsöl von beiden Seiten je ca. 4 Minuten kross braten, dann mit Salat oder Babyspinat, Rote Bete und Meerrettichcrème auftürmen und genießen.

ZUTATEN

400 g Erbsen (tiefgekühlt)
1 Prise Salz
5 EL Kürbiskerne
1 Bund Dill
2 Frühlingszwiebeln
2 TL Tafelmeerrettich
4 EL gehackte Mandeln
3 EL Maismehl
2 TL Backpulver
2 kleine Rote Bete
2 Handvoll Blattsalat oder
    Babyspinat
4 EL Rapsöl

AUßERDEM

4 Burgerbrötchen nach Wahl
6–8 EL Meerrettichcrème (S. 59)

BURGER – DIE INNEREN WERTE ZÄHLEN

NUSS-
Meister

🕐 ca. 40 Minuten   🔍 Zutaten für ca. 4 Burger

ZUTATEN

400 g Süßkartoffeln
1 Prise Salz
1 Chilischote
½ Bund Petersilie
2 Knoblauchzehen
60 g getrocknete Tomaten in Öl
50 g Walnüsse
100 g Paranüsse
40 g Paniermehl
1 Prise Pfeffer
2 Rispentomaten
8 Blätter Eichblattsalat
1 Beet Kresse
2 EL Kokosöl

AUßERDEM:

4 Paprika oder Burgerbrötchen
    nach Wahl
6–8 EL Rauchige BBQ-Sauce
    (S. 39)
1 Portion Reispapier-Bacon
    (S. 72)

ZUBEREITUNG

❶ Süßkartoffeln schälen, in Würfel schneiden und in wenig Salzwasser ca. 10 Minuten weich dünsten, dann abgießen und kurz ausdampfen lassen.

❷ Chili waschen, halbieren und fein hacken. Petersilie abzupfen und grob hacken. Knoblauch abziehen, grob zerkleinern. Getrocknete Tomaten abtropfen lassen, klein schneiden. Walnüsse und Paranüsse im Multizerkleinerer fein vermahlen.

❸ Süßkartoffeln mit Chili, Petersilie, Knoblauch, Nüssen, getrockneten Tomaten und Paniermehl im Multizerkleinerer zerkleinern, mit Salz und Pfeffer abschmecken und aus der Masse vier Pattys formen. Diese im Ofen bei 200 Grad Ober-/Unterhitze 20–25 Minuten backen.

❹ In der Zwischenzeit Tomaten waschen, in Scheiben schneiden. Salat putzen, grob zerkleinern. Falls Paprika statt Brötchen verwendet werden, diese waschen, halbieren, entkernen und in Kokosöl von beiden Seiten kräftig anbraten. Die fertigen Pattys mit Salat, Tomaten, BBQ-Sauce, Kresse und Reispapier-Bacon in den Paprikahälften servieren.

Variante

Statt der Süßkartoffeln kann auch Kürbis als Basis verwendet werden.

little TOKYO

🕐 ca. 35 Minuten plus ca. 90 Minuten Kühlzeit   🔍 Zutaten für ca. 4 Burger

ZUBEREITUNG

1 Sushireis mit reichlich kaltem Wasser spülen, bis das Wasser klar ist. Anschließend mit Wasser in einen Topf geben, ca. 10 Minuten ruhen lassen, dann aufkochen und ca. 12 Minuten mit geschlossenem Deckel köcheln lassen, bis der Reis gar und das Wasser aufgesogen ist. Reisessig dazugeben, verrühren, einige Minuten ausdampfen lassen, dann den Reis möglichst flach in eine Schale geben und mindestens 45 Minuten, besser 90 Minuten oder länger gut durchkühlen lassen.

2 In der Zwischenzeit die Avocados halbieren, Kern entfernen, das Fruchtfleisch aus der Schale heben und mit Wasabi, Salz, Pfeffer und Saft der Zitrone cremig pürieren.

3 Gurke und Paprika waschen, in Scheiben bzw. Ringe schneiden. Tofu abtropfen lassen, in dünne Scheiben schneiden und in Kokosöl von beiden Seiten scharf anbraten, dann mit 4 EL Sojasauce ablöschen und beiseitestellen.

4 Mit feuchten Händen aus dem Reis jeweils vier »Buns« und Deckel formen. Die Reisbuns mit restlicher Soja-sauce (4 EL) beträufeln und mit Wasabi-Avocadocreme bestreichen, dann mit Gurke, Paprika, eingelegtem Ingwer und Tofuscheiben belegen und mit Gemüse-kresse garnieren. Den Reisdeckel daraufsetzen und mit Schwarzkümmel bestreuen.

ZUTATEN

450 g Sushireis
850 ml Wasser
2 EL Reisessig
2 Avocados
1 TL Wasabipaste
1 Prise Salz
1 Prise Pfeffer
½ Zitrone
½ Salatgurke
1 Paprika
200 g Tofu
2 EL Kokosöl
8 EL Sojasauce
2 TL eingelegter Ingwer
½ Beet Gemüsekresse
2 EL Schwarzkümmel

BURGER – DIE INNEREN WERTE ZÄHLEN

Tipp Algen-salat als zusätzliches Topping sorgt für noch mehr Sushi-Flair.

Hinweis : Je nach Reissorte und Kühldauer muss der Sushi-Burger ggf. mit Messer und Gabel gegessen werden, sollte er nicht perfekt zusammenhalten.

Miss ITALY

🕐 ca. 50 Minuten   💬 Zutaten für ca. 4 Burger

ZUTATEN

150 g Bulgur
450 ml Gemüsebrühe
60 g Oliven in Kräutermarinade
40 g Pinienkerne
200 g Zucchini
80 g getrocknete Tomaten in Öl
4 Stängel Basilikum
2 EL veganer Mandel- oder
   Cashewfrischkäse
1 Prise Salz
1 Prise Pfeffer
3–4 EL Speisestärke
2 Handvoll Rucola
4 EL Olivenöl
4 Scheiben veganer Käse

AUßERDEM

4 Burgerbrötchen nach Wahl
6-–8 EL Leichte Tomatensalsa
   (S. 44)

ZUBEREITUNG

1. Bulgur in Gemüsebrühe ca. 15 Minuten kochen, ggf. etwas mehr Flüssigkeit nachgießen. In der Zwischenzeit Oliven und Pinienkerne grob zerkleinern. Zucchini waschen, in Streifen schneiden.

2. Getrocknete Tomaten abtropfen lassen, Basilikum abzupfen, beides fein hacken, mit veganem Frischkäse vermengen und mit Salz und Pfeffer abschmecken.

3. Bulgur mit Oliven, Pinienkernen und Speisestärke mischen, abschmecken. Zu Kugeln formen, mittig eindrücken, mit der Tomatenfüllung füllen, verschließen und flach drücken.

4. Rucola waschen. Zucchini in 1 EL Olivenöl von beiden Seiten braten oder grillen. Pattys in restlichem Olivenöl (3 EL) von beiden Seiten je ca. 3 Minuten braten, mit Rucola, Tomatensalsa, Käse und Zucchinischeiben im Burgerbun anrichten.

Hinweis : **Um gefüllte Burger wie diese hier zuzubereiten, ist eine entsprechende Burgerpresse sehr empfehlenswert.**

Tipps Statt veganem Frischkäse kann auch ein Brotaufstrich nach Wahl verwendet werden. Mit Salbei schmeckt die Füllung ebenfalls vorzüglich.

Caribbean
SUMMER

ZUBEREITUNG

❶ Haferflocken fein mahlen. Kichererbsen abgießen und abspülen. Banane schälen. Kichererbsen, Banane, Salz und Pfeffer pürieren. Cashewkerne grob zerkleinern, mit Haferflocken zur Kichererbsenmasse geben, gut vermengen und daraus vier Pattys formen.

❷ Korianderblättchen abzupfen. Gurke waschen und in Scheiben schneiden. Ananas in Scheiben schneiden, von Schale und Strunk befreien, in 2 EL Kokosöl von beiden Seiten ca. 2 Minuten anbraten. Die Pattys im restlichen Öl (3 EL) ebenfalls ca. 3 Minuten pro Seite anbraten.

❸ Chicoréeblätter vom Strunk lösen, auf die Brötchen verteilen. Koriander, Pattys, Chiliketchup, Gurke und die Ananasscheiben darauf legen und servieren.

ZUTATEN

70 g Haferflocken
2 Dosen Kichererbsen
1 Banane
½ TL Salz
1 Prise Pfeffer
50 g Cashewkerne
½ Bund Koriander
½ Salatgurke
4 Scheiben frische Ananas
   (ca. 1 cm)
5 EL Kokosöl
1 Chicorée

AUßERDEM

4 Burgerbrötchen nach Wahl
6–8 EL Feuriger Chiliketchup
   (S. 43)

BURGER – DIE INNEREN WERTE ZÄHLEN

Fiesta MEXICANA

🕑 ca. 45 Minuten 🔍 Zutaten für ca. 4 Burger

BURGER – DIE INNEREN WERTE ZÄHLEN

ZUTATEN

2 Dosen Kidneybohnen
1 rote Zwiebel
3 Knoblauchzehen
½ TL Chiliflocken
1 TL Salz
2 TL Kreuzkümmel
1 EL Tomatenmark
1 Bund Koriander
80 g Mais
3-4 EL Maismehl
1 rote Paprika
1 EL Sesamöl
8 Blätter Eichblattsalat
2 Handvoll Tortillachips

AUßERDEM

1 kleines Fladenbrot oder
    4 Burgerbrötchen
6-8 EL Guacamole (S. 68)

ZUBEREITUNG

❶ Kidneybohnen abgießen und abspülen. Zwiebel und Knoblauch abziehen, grob zerkleinern. Bohnen mit Zwiebeln, Knoblauch, Chili, Salz, Kreuzkümmel und Tomatenmark zerkleinern. Koriander abzupfen. Mais abgießen und mit Maismehl und Hälfte des Korianders zur Bohnenmasse geben, gut verkneten und zu vier Pattys formen (rund oder bei Verwendung von Fladenbrot in Tortenform). Im Ofen bei 200 Grad Ober-/Unterhitze ca. 25-30 Minuten backen.

❷ In der Zwischenzeit Paprika entkernen und in grobe Streifen schneiden. Paprika in 1 EL Sesamöl von beiden Seiten anbraten, mit Salz und Pfeffer abschmecken. Salat abzupfen und waschen. Pattys mit Eichblattsalat, Tortillachips, gebratener Paprika, Koriander und Guacamole im Fladenbrot oder Burgerbun servieren.

Kohlrabi-
WHEATY

ca. 40 Minuten | Zutaten für ca. 4 Burger

ZUBEREITUNG

1 Zwiebel abziehen, grob hacken. Seitan grob zerkleinern, mit Zwiebeln und abgetropften getrockneten Tomaten im Multizerkleinerer hacken. Kichererbsenmehl, Chili, Rauchsalz und Pfeffer zugeben und gut vermengen, aus der Masse vier runde Pattys formen.

2 Kohlrabi schälen und fein raspeln, mit Essig, Prise Salz und Pfeffer vermengen. Tomaten waschen und in Scheiben schneiden. Frühlingszwiebel putzen und in Ringe schneiden. Salat putzen, waschen und trocken schütteln.

3 Pattys in Kokosöl von beiden Seiten ca. 3 Minuten anbraten, mit Salat, Tomate, Kohlrabi, Cheese Sauce und Frühlingszwiebeln anrichten und servieren.

ZUTATEN

1 Zwiebel
400 g Seitan
100 g getrocknete Tomaten in Öl
60 g Kichererbsenmehl
1 TL Chilipulver
½ TL Rauchsalz
1 Prise Salz
1 Prise Pfeffer
1 kleiner Kohlrabi
1 EL Essig
2 Rispentomaten
1 Frühlingszwiebel
10 Blätter Eichblattsalat
4 EL Kokosöl

AUSSERDEM
4 Burgerbrötchen nach Wahl
6–8 EL Cheese Sauce (S. 47)

Die
KICHERERBSE

ca. 45 Minuten · Zutaten für ca. 4 Burger

ZUTATEN

80 g Sojagranulat

2 EL Kokosöl

360 ml Gemüsebrühe

1 Dose Kichererbsen

60 g Paniermehl

½ TL Salz

½ TL Kreuzkümmel

½ TL Paprikapulver scharf

1 Prise Pfeffer

60 g Maismehl

100 ml Wasser

60 g Kokosraspel

1 Paprika

4 Zweige Minze

2 Handvoll rote Mangoldblättchen

AUßERDEM

4 Burgerbrötchen nach Wahl

6–8 EL Pfirsich-Thymian-Chutney
    (S. 60)

ZUBEREITUNG

1. Sojagranulat in Kokosöl kurz andünsten, dann mit Gemüsebrühe ablöschen und ca. 15 Minuten köcheln lassen.

2. Kichererbsen abgießen, pürieren, mit Sojagranulat und Paniermehl vermengen, mit Salz, Kreuzkümmel, Paprikapulver und Pfeffer würzen. Aus der Masse vier Pattys formen.

3. Maismehl mit Wasser vermengen, mit Salz und Pfeffer würzen. Die Pattys mit der Maismehl-Mischung bestreichen, anschließend mit Kokosraspel bestreuen und im Ofen bei 200 Grad Ober-/Unterhitze 20–25 Minuten backen.

4. Paprika waschen, entkernen und in Streifen schneiden. Minze waschen und abzupfen. Mangoldblätter putzen und waschen. Die fertigen Burgerpattys mit Mangold, Paprika, Minze und Pfirsich-Thymian-Chutney in Burgerbuns anrichten und servieren.

Sonnen BLUME

ca. 45 Minuten   Zutaten für ca. 4 Burger

ZUBEREITUNG

1. Aubergine in Scheiben schneiden, von beiden Seiten leicht salzen, ca. 10 Minuten Wasser ziehen lassen, dann mit einem Küchenpapier trocken tupfen und mit Paniermehl bestreuen.

2. Sonnenblumenkerne fein mahlen. Karotten grob raspeln, mit abgetropften weißen Bohnen, Rauchsalz, Pfeffer und abgezupften Thymianblättchen pürieren. Sonnenblumenkerne und Maismehl zugeben, gut verkneten und aus der Masse vier gleich große Pattys formen.

3. Salat waschen und trocken schütteln. Auberginen in 3 EL Rapsöl von beiden Seiten anbraten. Burgerpattys im restlichen Öl (3 EL) ebenfalls von beiden Seiten je ca. 3 Minuten anbraten.

4. Sonnenblumenkern-Pattys mit Salat, Auberginenscheiben und Coleslaw im Brötchen anrichten und genießen.

ZUTATEN

1 kleine Aubergine
1 Prise Salz
2 EL Paniermehl
260 g Sonnenblumenkerne
2 Karotten
120 g weiße Bohnen (Dose)
½ TL Rauchsalz
1 Prise Pfeffer
einige Zweige Thymian
50 g Maismehl
8 Blätter Salat
6 EL Rapsöl

AUßERDEM

4 Burgerbrötchen nach Wahl
300 g Coleslaw (S. 154)
6–8 EL Feuriger Chiliketchup
   (S. 43)

BURGER – DIE INNEREN WERTE ZÄHLEN

Beilagen
PERFEKTE BEGLEITUNG GESUCHT

Rosmarin-
KARTOFFEL-
WEDGES

🕑 ca. 45 Minuten zzgl. Ruhezeit ca. 30 Minuten 🔍 Zutaten für ca. 4 Portionen

ZUBEREITUNG

❶ Kartoffeln gründlich waschen. Einmal längs halbieren, die Hälften je nach Größe weitere zwei- bis dreimal längs schneiden, sodass spaltenförmige Wedges entstehen. Kartoffelwedges mit heißem Wasser übergießen und ca. 30 Minuten ruhen lassen. Anschließend abgießen, die Kartoffeln auf ein Geschirrtuch geben, gründlich abtupfen und in eine Schüssel füllen.

❷ Rosmarinnadeln abziehen, fein hacken. Chili hacken. Knoblauch abziehen und fein würfeln. Rosmarin, Chili, Knoblauch, Rapsöl und Salz zu den Kartoffeln geben, gründlich vermengen.

❸ Die Kartoffelwedges auf ein mit Backpapier ausgelegtes Backblech geben und im vorgeheizten Ofen bei 200 Grad Ober-/Unterhitze ca. 30 Minuten backen. Kartoffelecken einmal wenden und weitere 5–10 Minuten bei eingeschalteter Grillfunktion bräunen.

ZUTATEN

800 g festkochende Kartoffeln
5 Zweige Rosmarin
1 kleine Chilischote
3 Knoblauchzehen
3 EL Rapsöl
1 ½ TL Salz

BEILAGEN

Gebackene
SÜSSKARTOFFEL-WÜRFEL

BEILAGEN

ZUTATEN

700–900 g Süßkartoffeln
1 ½ TL gelbe Currypaste
3 EL Rapsöl
½ TL Salz
1 Prise Pfeffer

ZUBEREITUNG

1 Süßkartoffeln schälen und in gleichmäßig große Würfel (ca. 1,5 cm) schneiden. Etwa eine Stunde in kaltes Wasser legen, anschließend abgießen und mit einem Tuch trocken tupfen.

2 Currypaste mit Rapsöl, Salz und Pfeffer verrühren, mit den Süßkartoffelwürfeln vermengen. Diese im Ofen bei 220 Grad Ober-/Unterhitze auf einem mit Backpapier ausgelegten Blech ca. 15–20 Minuten backen, dabei zwischendurch einmal wenden und mehrfach die Feuchtigkeit durch kurzes Öffnen der Ofentür entweichen lassen.

Tipp Zu den Süßkartoffelwürfeln passen tomatige Dips und Kräuterquark besonders gut.

WELLEN-
pommes

🕙 ca. 40 Minuten 🔍 Zutaten für ca. 4 Portionen

ZUBEREITUNG

1 Kartoffeln schälen, mit einem Wellenschnittmesser in gleichmäßige Sticks schneiden oder mit einem Gemüsehobel in Sticks hobeln. Kartoffeln in reichlich Salzwasser ca. 5 Minuten köcheln lassen, dann abgießen, trocken tupfen und mit Rapsöl vermengen. Gleichmäßig auf einem mit Backpapier ausgelegten Backblech verteilen und bei 220 Grad Ober-/Unterhitze ca. 25 Minuten goldgelb backen, zwischendurch mehrfach wenden.

2 Pommes mit Salz und Paprikapulver würzen, gut vermengen und servieren.

ZUTATEN

800 g Kartoffeln
½ TL Salz
2 EL Rapsöl
1 Prise Paprika edelsüß

BEILAGEN

COLESLAW-
Variationen

🕐 ca. 25 Minuten plus Durchziehzeit mindestens 1 Stunde 🔍 Zutaten für ca. 4 Portionen

BEILAGEN

ZUTATEN

500 g Rotkohl oder Weißkohl

2 kleine Karotten

150 g vegane Crème fraîche

3 EL Essig

½ TL Salz

1 Prise Pfeffer

1 TL Ahornsirup

ZUBEREITUNG

Kohl putzen und die äußeren Blätter entfernen, dann sehr fein raspeln. Karotten ebenfalls fein raspeln. Crème fraîche mit Essig vermengen und mit Salz, Pfeffer und Ahornsirup würzen. Das Dressing zum Kohl geben und mit den Händen gründlich durchkneten und vermengen. Abgedeckt mindestens 1 Stunde, besser länger ziehen lassen.

Variante

KOHLRABI-MANGO Hierfür statt des Kohls zwei kleine Kohlrabi fein raspeln und mit einer in Würfel geschnittenen Mango und dem Dressing von oben vermengen.

Tipp
Statt rohem Rotkohl kann auch fertiges Rotkraut mit Essig mariniert und als Burgerbelag verwendet werden.

GURKEN-KICHERERBSEN-SALAT *mit Mango*

🕐 ca. 35 Minuten   🔍 Zutaten für ca. 4 Portionen

ZUBEREITUNG

1 Gurken waschen, schälen, dabei jeweils etwas Schale stehen lassen. Gurken fein hobeln, mit Salz vermengen und ca. 15 Minuten ziehen lassen.

2 Gurken gründlich ausdrücken, Flüssigkeit weggießen. Mango schälen und würfeln. Kichererbsen abgießen, Dill fein hacken, mit Gurken, Kichererbsen, Essig, Olivenöl, Senf, Sonnenblumenkernen und Ahornsirup vermengen. Mit Salz und Pfeffer abschmecken.

Variante

Weniger fruchtig, aber nicht weniger lecker schmeckt der Gurkensalat, wenn statt der Mango zerkleinerte Radieschen untergemengt werden.

ZUTATEN

1 ½ Salatgurken
2 TL Salz
1 kleine Mango
1 Dose Kichererbsen
½ Bund Dill
3 EL Essig
2 EL Olivenöl
1 EL mittelscharfer Senf
2 EL Sonnenblumenkerne
1 TL Ahornsirup
1 Prise Salz
1 Prise Pfeffer

BEILAGEN

Brokkoli-
ROHKOSTSALAT

ca. 15 Minuten 🔍 Zutaten für ca. 4 Portionen

BEILAGEN

ZUTATEN

800 g Brokkoli
1 rote Paprika
1 Bund Petersilie
½ Zitrone
3 EL weißer Balsamico
2 EL Olivenöl oder Sesamöl
½ TL Salz
1 Prise Pfeffer
3 EL Sesam

ZUBEREITUNG

❶ Brokkoli putzen, waschen und in Röschen schneiden. Im Mixer oder Multizerkleinerer auf höchster Stufe kurz hacken, bis keine großen Stücke mehr vorhanden sind. Paprika waschen, halbieren, entkernen und fein würfeln. Petersilie waschen, abzupfen und fein hacken.

❷ Saft der Zitrone mit Balsamico, Oliven- oder Sesamöl, Salz, Pfeffer und Sesam verrühren, mit den Brokkolistückchen und den Paprikawürfeln vermengen, kurz ziehen lassen und servieren.

Variante

Der Salat schmeckt auch mit Blumenkohl statt Brokkoli super.

Bunter
BOHNENSALAT

ca. 20 Minuten   Zutaten für ca. 4 Portionen

ZUBEREITUNG

1. Grüne Bohnen waschen, von den Stielenden befreien und je nach Länge einmal halbieren. In reichlich Salzwasser ca. 15 Minuten köcheln lassen, bis sie gar sind, aber noch leicht Biss haben, dann abgießen und ausdampfen lassen.

2. Weiße Bohnen abgießen und spülen. Getrocknete Tomaten abtropfen lassen, grob zerkleinern. Erdnussöl mit Sojasauce, Reisessig, Saft der Limette, Salz und Pfeffer verrühren und mit den getrockneten Tomaten, grünen und weißen Bohnen vermengen und servieren.

ZUTATEN

500 g grüne Bohnen
1 Dose weiße Bohnen
80 g getrocknete Tomaten in Öl
2 EL Erdnussöl
1 EL Sojasauce
2 EL Reisessig
½ Limette
1 Prise Salz
1 Prise Pfeffer

BEILAGEN

Tipp Noch knackiger wird der Salat mit gerösteten Kürbiskernen.

TOMATEN-ZUCCHINI-SALAT *mit Zwiebeln*

🕐 ca. 25 Minuten 🔍 Zutaten für ca. 4 Portionen

BEILAGEN

ZUTATEN

3 EL Pinienkerne
1 kleine Zucchini
3 EL Olivenöl
400 g Strauchtomaten
1 rote Zwiebel
4 Stängel Basilikum
3 EL dunkler Balsamico
1 Prise Kräutersalz
1 Prise Pfeffer

ZUBEREITUNG

❶ Pinienkerne in einer Pfanne ohne Fett goldgelb rösten. Zucchini waschen, je nach Größe halbieren, in Scheiben schneiden und in 1 EL Olivenöl in einer Grillpfanne von beiden Seiten grillen.

❷ Tomaten waschen, in Scheiben schneiden oder je nach Größe vierteln bzw. sechsteln. Zwiebel abziehen, in feine Streifen schneiden oder fein hacken. Basilikum grob zerkleinern, einige Blättchen zur Deko aufbewahren.

❸ Tomaten, Zucchini, Zwiebeln und gehackter Basilikum in eine Schüssel geben. Aus Balsamico, restlichem Olivenöl (2 EL), Kräutersalz und Pfeffer ein Dressing rühren und zu den Tomaten und Zwiebeln geben. Vorsichtig vermengen, mit restlichen Basilikumblättchen und Pinienkernen garniert servieren.

Tipp Wird der Tomatensalat zu orientalischen Burgervarianten serviert, passt gehackte Minze statt Basilikum vorzüglich. Auch Kresse harmoniert gut mit dem Tomatensalat.

Burgerglück IM NETZ

Du willst auch online weitere Rezepte entdecken oder Tipps und Tricks zur Zubereitung erhalten?

Dann schaue auf meiner Homepage www.freeyourfood.de vorbei. Dort findest Du weiterführende Informationen zu meinen Büchern *Burgerglück* und *Free Your Food* und laufend neue Anregungen und Ideen.

Besuche mich gern auch unter **f** www.facebook.com/FreeYourFood sowie auf Instagram unter **O** www.instagram.com/freeyourfood oder schreibe mir eine Mail an ✉ kontakt@freeyourfood.de.

Du hast eines der Rezepte ausprobiert? Lass mich und meine anderen Leserinnen und Leser daran teilhaben, indem du Bilder auf Facebook oder Instagram mit den Hashtags **#burgerglueck** oder **#freeyourfood** postest und meinen Account darauf verlinkst. Ich freue mich auf deinen Besuch und bin gespannt auf Bilder und dein Feedback!

BEZUGS-
quellen

Fast alle der im Buch verwendeten Produkte sind im gut sortierten Supermarkt oder Bioladen erhältlich. Außerdem bieten diverse Drogeriemärkte und Onlineshops eine große Fülle an hochwertigen veganen Produkten an. Du kannst manche Zutaten auch direkt über unseren Online-Shop www.unimedica.de in der Kategorie »Ernährung« erhalten. Dort findest du außerdem ein großes Sortiment an Naturkostprodukten, u. a. auch seltene Produkte wie Sacha inchi. Auch die für die Rezepte notwendigen Küchengeräte sowie veganes Bio-Proteinpulver und viele Superfoods sind dort erhältlich.

REZEPT-
Verzeichnis von A bis Z

STICHWORT-
Verzeichnis von A bis Z

STICHWORTVERZEICHNIS VON A BIS Z

ABBILDUNGS-
Verzeichnis

25 Jahre jung, lebensfroh und positiv, weltoffen, spontan, kommunikativ, kreativ, willensstark und immer dabei, für die eigenen Träume und Visionen zu arbeiten – so würden meine engen Freunde und meine Familie mich wohl am ehesten beschreiben. Als ich vor über zwei Jahren den Entschluss fasste, ein eigenes Kochbuch zu schreiben, wusste ich selbst noch nicht, wo mich dieser Schritt hinführen würde. Seither hat sich einiges getan, ich konnte mit *Free Your Food* viele Menschen erreichen und begeistern und auch mein Blog ist seither stets gewachsen. Viele Kontakte sind entstanden, aus denen sich teils sogar Kooperationen entwickelt haben, in denen ich wieder das tun kann, was ich am liebsten mache: mir Rezepte zu überlegen, diese vorzubereiten, dann umzusetzen, nochmals anzupassen und schließlich fototauglich anzurichten und abzulichten. Schnell war für mich klar, dass es irgendwann eine Fortsetzung geben soll und *Free Your Food* nicht mein einziges Kochbuch bleiben wird. Nun ist das sogar früher als gedacht so gekommen, und ich denke, dass ich mich nun offiziell als Autorin bezeichnen kann.

Kochen ist meine Leidenschaft. Darüber hinaus fasziniert mich die Fotografie und ich liebe es, ferne Länder zu bereisen, neue Kulturen kennenzulernen und die Welt zu sehen. Am liebsten habe ich alles zusammen: Auf Reisen neue Esskulturen erleben zu dürfen und Land und Leute auf Bildern festzuhalten. Mir ist es sehr wichtig, gute Freundschaften zu pflegen und Zeit mit den Menschen, die mir wichtig sind, zu verbringen, gern bei einem guten Essen und einem Glas Wein. Wer mehr erfahren möchte, kann gern Kontakt aufnehmen und mir schreiben.

Free Your FOOD

Dir gefällt das Buch *Burgerglück* und du willst noch mehr Abwechslung, Anregung und Ideen für vegane Rezepte haben? Dann solltest du auch einen Blick in mein erstes Kochbuch *Free Your Food* werfen. In diesem widme ich mich ausführlich der gesunden, veganen Ernährung rein auf Basis natürlicher Zutaten. Auf Ersatzprodukte, Haushaltszucker und Soja wird in den Rezepten gänzlich verzichtet. Zudem sind die meisten der Gerichte glutenfrei.

WAS BIETET »FREE YOUR FOOD«?

Eingeleitet wird das Buch durch einen umfassenden Infoteil, der leicht verständlich die wesentlichen Hintergrundinformationen vermittelt, worauf bei einer veganer Ernährung zu achten ist. Somit wird jedem der Einstieg in eine vollwertige, pflanzliche Lebensweise erleichtert. Außerdem werden viele praktische Tipps und Hinweise gegeben, welche die Umsetzung in der Küche und im Alltag noch leichter machen. Anschließend werden über 80 vegane Rezepte vorgestellt, die in verschiedene Kategorien unterteilt sind. Angefangen bei Frühstücksideen geht es weiter zu Drinks und Smoothies über Snacks, Suppen und Salate bis hin zu Hauptspeisen. Doch auch da ist noch lange nicht Schluss, denn es werden weiterhin Ideen für Desserts sowie Kuchen und Torten vorgestellt. Somit kannst du dich mit den Rezepten aus *Free Your Food* abwechslungsreich durch den ganzen Tag schlemmen.

PINK
BUCKWHEAT-CUP

GLÜCKSROLLEN
»REGENBOGEN«

WAS UNTERSCHEIDET »FREE YOUR FOOD« VON ANDEREN KOCHBÜCHERN?

In vielen veganen Kochbüchern wird versucht, altbekannte Gerichte zu veganisieren, das heißt, die tierischen Produkte wie Sahne, Fleisch, Milch oder Käse werden durch pflanzliche Alternativen ersetzt. Die veganen Varianten sind häufig jedoch wahre Industrieprodukte und voll mit Zusatzstoffen, E-Nummern und oftmals auch Palmöl. Gesünder und vollwertiger ist es daher, Ersatzprodukte nur möglichst selten zu essen und stattdessen mit reichlich frischem Gemüse, Obst, Hülsenfrüchten, Getreide, Nüssen und Samen zu kochen. In den Rezepten werden zudem kein Soja oder daraus hergestellte Produkte verwendet und auch auf Haushaltszucker wird komplett verzichtet. *Free Your Food* ist daher nicht nur ein veganes, sondern auch ein sehr gesundes Kochbuch, das mit seinen Rezepten zu einem gesundheitsförderlichen Lebensstil anregt und durch den umfassenden Informationsteil am Anfang zudem eine ideale Starthilfe darstellt, sich dem Ernährungsstil vorsichtig zu nähern. Habe ich nun dein Interesse geweckt? Dann schau am besten direkt beim Narayana Verlag im Online-Shop oder im lokalen Buchhandel nach und besorge dir dein Exemplar *Free Your Food* für ein Rundum-Sorglos-Paket der Geschmackerlebnisse.

IMPRESSUM

Larissa Häsler
Burgerglück
Kreative vegane Ideen für den perfekten Genuss
1. deutsche Auflage 2018
ISBN: 978-3-946566-95-3
© 2018, Narayana Verlag GmbH

Layout und Satz: Nicole Laka
Coverlayout: Nicole Laka
Coverabbildungen © Larissa Häsler
Herausgeber:
Unimedica im Narayana Verlag GmbH, Blumenplatz 2, 79400 Kandern
Tel.: +49 7626 974970-0
E-Mail: info@unimedica.de
www.unimedica.de

Terry Hope Romero

PROTEIN NINJA

100 herzhafte pflanzliche Rezepte für den ultimativen Proteinkick

256 Seiten, geb., € 19,80

Die mehrfach preisgekrönte Kochbuchautorin und Pionierin der kreativen pflanzenbasierten Küche Terry Hope Romero hat die Nase meilenweit vorn, wenn es um leckere, herzhafte und sättigende Gerichte geht, die voller pflanzlichem Eiweiß stecken. Fernab von herkömmlichen Chia-Energiekugeln und langweiligen Protein-Shakes präsentiert sie in ihrem neuesten Werk 100 grandiose Rezepte, die jede Menge leicht erhältliche Zutaten verwenden und außerdem mit einem ganzen Arsenal gluten-, nuss- und sojafreier Optionen aufwarten.

Durch Romeros Ninja-Grundlagen erfahren Sie alles, was Sie über das proteinreiche pflanzenbasierte Kochen und die besten Eiweißlieferanten wissen müssen – inklusive Hintergrundwissen, hilfreicher Tipps zur Vor- und Zubereitung von Gerichten und einer Einkaufsliste.

Vorbei sind die Zeiten gewöhnlicher veganer Wochentagskost: Im Reich von Protein Ninja werden leckere Mahlzeiten in bester Kämpfermanier so mit Nährstoffen aufgepeppt, dass jeder neue Bissen nicht nur köstlich ist, sondern auch frische Energie liefert.

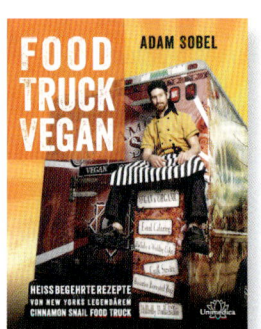

Adam Sobel

FOOD TRUCK VEGAN

Heiß begehrte Rezepte von New Yorks legendärem Cinnamon Snail Food Truck

272 Seiten, geb., € 24,–

Was ist das Geheimnis dieses Food Trucks? Er eroberte die Straßen von New York City im Sturm. Bei jedem Wetter stehen Vegetarier, Veganer und Fleischesser geduldig und in schönster Eintracht nach den berühmten, bis obenhin mit Zucker glasiertem Seitan und Ancho-Chili-Aioli gefüllten Sandwiches an. Pfannkuchen mit frischen Feigen, Kamille-Blutorangen-Sirup und Pinienkernmus besitzen offenbar eine ähnliche Anziehungskraft.

Jetzt liefert ADAM SOBEL, der sympathische Gründer des »Cinnamon Snail« Food Trucks, die Rezepte seiner süchtig machenden Spezialitäten als Buch direkt in Ihre Küche aus. Neben vielen superleckeren Snacks finden sich darin auch größere Mahlzeiten wie Tofu mit Rosmarinkruste, Brotpudding mit Knoblauch und Estragon, würzige Tofustreifen in Bierteig und Tempeh-Empanadas.

Natürlich verrät ADAM SOBEL hier auch die Rezepte für seine legendären Donuts und anderen köstlichen Gebäcktcilchen, verfeinert mit Erdnuss-Schokoladenguss, Lavendel, Schwarzem Tee oder Tamarinde.

Angela Liddon

OH SHE GLOWS FÜR JEDEN TAG

Schnelle Gerichte, die einfach satt und glücklich machen

345 Seiten, geb., € 29,–

Angela Liddons unwiderstehliche und gelingsichere Rezepte sind zum Goldstandard der pflanzenbasierten Küche geworden. Ihr sensationell erfolgreicher Blog und ihr New-York-Times-Bestseller-Debüt *Oh She Glows! Das Kochbuch* haben ihr Millionen begeisterter Fans beschert.

In dem mit Spannung erwarteten Nachfolger präsentiert die preisgekrönte kanadische Autorin erneut außerordentlich leckere Rezepte, die perfekt für einen anstrengenden und fordernden Alltag sind und pflanzenbasierten Genuss nicht nur tagtäglich, sondern auch zu festlichen Gelegenheiten zu einer leicht umsetzbaren und köstlichen Angelegenheit machen.

Ihre Sammlung von über 100 Rezepten enthält verführerische Ideen für Frühstück, Snacks, Salate, Suppen, Hauptgerichte, Beilagen und Desserts sowie Grundrezepte und hilfreiche Tipps für kinderfreundliche, allergiekompatible und einfrierbare Varianten.

Ob Strahlende Regenbogen-Smoothie-Bowl, Erdnussbutter-Marmelade-Frühstückscookies, Ultimative Grüne Tacowraps oder Kürbis-Cupcake-Türmchen und Meyer-Zitronen-Cheesecake – mit solchen Appetit machenden und gesunden Gerichten locken Sie auch die wählerischsten Esser an den Tisch, ohne dafür stundenlang in der Küche stehen zu müssen.

Dana Shultz

VEGAN. EINFACH. LECKER

101 pflanzliche, meist glutenfreie und köstliche Rezepte

320 Seiten, geb., € 29,80

Dana Shultz, Rezeptentwicklerin und erfahrene Food-Fotografin, und ihr Mann John sind die Genies hinter dem immens beliebten Food-Blog Minimalist Baker, der seit seiner Gründung im Jahr 2012 zahllose Fans begeistert.

Ihr Erfolgskonzept? Einfache, aber unwiderstehliche Rezepte, die aus höchstens 10 Zutaten bestehen, in einer Schüssel oder einem Topf zubereitet werden können oder nur 30 Minuten, manchmal sogar weniger Zeit in Anspruch nehmen. Das mit Spannung erwartete Kochbuch enthält 101 neue, zu 100 Prozent pflanzenbasierte und größtenteils glutenfreie Rezepte, die einfallsreich, lebendig und voller umwerfendem Geschmack sind.

Leckeren Frühstücksoptionen wie selbst gemachtem Hippiemüsli oder Zucchini-Walnuss-Muffins, Beilagen wie griechischer Bruschetta, herzhaften Hauptspeisen wie Erdnussbutter-Pad Thai und verführerischen Desserts wie Erdbeer-Tornado-Eiscreme und Mandel-Kokos-Talern mit dunkler Schokolade wird garantiert niemand widerstehen können. Darüber hinaus geben Dana und John Tipps zur Vorratshaltung sowie Küchenausrüstung und ergänzen jedes Rezept mit hilfreichen Nährwertinformationen.